Manuel de gouvernance de la donnée

Yann-Eric DEVARS

Solve DSI

Solve DSI

Contexte et enjeux 6

Objectifs du livre 26

    1. Fournir une compréhension globale de la gouvernance des données 28

    2. Démystifier le vocabulaire et les notions techniques 28

    3. Présenter les bonnes pratiques et recommandations méthodologiques 30

    4. S'adapter aux contextes variés 31

    5. Souligner l'importance de la dimension humaine 32

    6. Offrir une lecture inclusive et pédagogique 32

    7. Anticiper les évolutions futures 34

    8. Faciliter la mise en action concrète 35

    9. Bâtir une culture durable 36

    Objectifs 37

Partie I : fondations et concepts 39

    Chapitre 1 : Définitions et principes de base 39

    1. Différencier gouvernance et gestion des données 39

    2. Les composantes fondamentales de la gouvernance des données 44

    3. Valeur et bénéfices pour l'entreprise 49

    4. Notions de responsabilité (accountability) et de transparence 52

    Conclusion du chapitre 1 57

    Chapitre 2 : Cadre réglementaire et normatif 59

    1. Réglementations (GDPR, CCPA, etc.) et leur impact 60

    2. Normes et standards internationaux (ISO, IEC, etc.)..............65

3. Implications juridiques et éthiques 69

Conclusion du chapitre 2 73

Partie II : Élaboration d'un programme de gouvernance....................75

Chapitre 3 : Stratégie et planification...........................75

1. Définition de la vision et des objectifs....................76

2. Alignement avec la stratégie globale de l'entreprise...............79

3. Identification des indicateurs de performance (KPI) 83

4. Étude des risques et élaboration d'un plan de mitigation.........86

Conclusion du chapitre 3 91

Chapitre 4 : Organisation et rôles 93

1. Structure de gouvernance........................93

2. Culture data-driven 101

Conclusion du Chapitre 4........................109

Partie III : Mise en œuvre opérationnelle 111

Chapitre 5 : Processus et politiques 111

1. Politiques de gestion des données (qualité, protection, rétention, etc.) 112

2. Établissement de processus clairs (collecte, utilisation, archivage, suppression) 116

3. Cycle de vie des données et maîtrise de la chaîne de valeur ..120

4. Outils de suivi et de reporting........................128

Conclusion du chapitre 5 132

Chapitre 6 : Technologies et outils 134

1. Architecture des données........................135

2. Outils de gouvernance et de qualité 142

3. Automatisation et intelligence artificielle............................. 146

Conclusion du chapitre 6 151

Partie IV : Sécurité, Risques et Conformité................................. 153

Chapitre 7 : Sécurité des données.. 153

1. Politiques et bonnes pratiques de protection........................ 153

2. Mesures techniques : chiffrement, masquage, anonymisation
.... 158

3. Sécurité physique et logique 162

Conclusion du Chapitre 7.. 166

Chapitre 8 : Gestion des risques et conformité 168

1. Identification et évaluation des risques 169

2. Mesures de prévention et plans de réponse aux incidents 173

3. Audits et certifications... 177

Conclusion du chapitre 8 181

Partie V : Culture et facteur humain.. 183

Chapitre 9 : Conduite du changement 183

1. Identification des freins et leviers de transformation 183

2. Communication et implication des parties prenantes 187

3. Formation et montée en compétences des équipes 190

Conclusion du chapitre 9 193

Chapitre 10 : Engagement et pérennisation 194

1. Stratégies de long terme pour faire vivre la gouvernance 195

2. Évolution des rôles et des responsabilités 199

3. Mise en place d'indicateurs culturels et comportementaux...203

Résumé du chapitre 10 207

Conclusion 208

1. Synthèse des points clés abordés 209

2. Perspectives... 212

3. Maintenant passez à l'action.. 214

Le mot de la fin.. 216

Contexte et enjeux

Les organisations, qu'elles soient publiques ou privées, ont vu leurs modes de fonctionnement évoluer à mesure que les outils informatiques se sont imposés dans chaque service et que les échanges se sont accélérés.

La production et la circulation d'informations ont atteint une ampleur sans précédent et continuera d'évoluer d'une façon exponentielle et imprévisible (ISO 42010)

Autrefois confidentielles et préservées au sein d'armoires et de classeurs, ces informations circulent désormais à la vitesse de l'électron, via des infrastructures connectées accessibles depuis n'importe quel point du globe.

Dans ce contexte, la notion de gouvernance des données s'est progressivement installée comme un pilier pour toute structure désirant maîtriser son patrimoine informationnel et en tirer parti de manière durable.

Dès lors que l'on parle de gouvernance des données, on fait référence à un ensemble de pratiques, de processus, de règles et de rôles qui visent à piloter et à organiser l'information, depuis son acquisition ou sa création jusqu'à sa suppression ou son archivage.

Au fil des dernières années, la donnée s'est imposée comme l'actif le plus précieux des entreprises et des organisations.

Bien que cette réalité ne soit pas toujours reconnue par les différentes directions, il suffit qu'un incident ou une crise affecte la donnée pour révéler toute son importance.

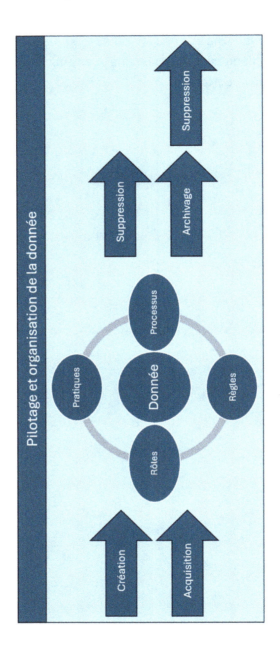

Fig. le cycle de la donnée

Cette démarche ne se limite pas à un aspect purement technique.

Elle englobe également des considérations éthiques, juridiques, stratégiques et organisationnelles.

Les enjeux dépassent de loin la simple question de la technologie : *il s'agit d'assurer la cohérence, la fiabilité, la sécurité et la valorisation* de ce qui est désormais considéré comme le moteur d'une grande partie des activités économiques et administratives.

Le volume de données généré chaque jour est colossal.

La croissance exponentielle des informations numériques s'accompagne d'une complexité grandissante.

Les formes que prennent ces informations se diversifient : textes, images, vidéos, enregistrements vocaux, données de capteurs, statistiques financières ou marketing, et bien d'autres formats encore.

Face à cette pluralité, les modèles classiques de gestion, basés sur des bases de données relationnelles et des structures figées, peinent parfois à s'adapter.

Les notions de big data et de data lakes ont émergé pour décrire des environnements capables d'absorber ce flot permanent.

Toutefois, *la simple accumulation de ces masses* n'offre pas de valeur ajoutée en soi : il faut disposer d'une vision claire, d'un pilotage approprié et de méthodes de classification, de vérification et de gouvernance pour les rendre véritablement utiles.

Au-delà de l'enjeu purement volumétrique, on observe aussi la vitesse à laquelle les informations sont produites et doivent être traitées.

Qu'il s'agisse de transactions électroniques, de flux IOT (Internet des objets) ou d'interactions sur les réseaux sociaux, le temps réel s'est invité dans le fonctionnement quotidien de nombreuses structures.

Cette accélération pose des défis de réactivité, de contrôle et de sécurité : comment s'assurer que les informations circulant à grande vitesse demeurent exactes ?

Comment préserver leur confidentialité, leur intégrité et leur disponibilité ?

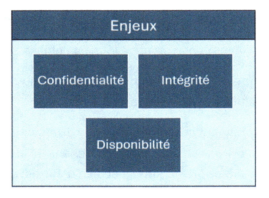

Fig. Enjeux

Comment respecter les réglementations nationales et internationales tout en conservant la souplesse indispensable à l'innovation ?

NB : Il faudrait également aujourd'hui ajouter la traçabilité.

Les régulations récentes, à l'instar du Règlement général sur la protection des données (RGPD) en Europe ou du California Consumer Privacy Act (CCPA) aux États-Unis, ont contribué à souligner l'importance de mettre en place des mécanismes fiables de contrôle.

La question du respect de la vie privée et du consentement explicite des utilisateurs a placé la protection des informations personnelles au premier plan.

Dans de nombreux cas, les manquements à ces obligations se traduisent par des pénalités financières lourdes ou par une détérioration de la réputation de l'entreprise fautive.

Les individus, de plus en plus sensibles à l'utilisation qui est faite de leurs informations, attendent des acteurs économiques et des institutions publiques qu'ils adoptent une posture responsable.

Cette attente sociale vient donc renforcer la nécessité de disposer d'une gouvernance adaptée, dans laquelle chacun sait comment les données sont collectées, traitées, stockées, partagées ou effacées.

Notons tout de même que l'évolution des modèles économiques renforce également l'importance de cette gouvernance.

Dans certains secteurs, l'information est devenue l'atout majeur différenciant les entreprises.

Les plateformes numériques spécialisées dans la recommandation de produits, les services de streaming adaptant leurs suggestions au comportement de visionnage, les outils d'analyse prédictive appliqués à la santé ou à la logistique s'appuient sur un socle informationnel massif et nécessitent des mécanismes de supervision.

Sans garde-fous, la dérive est possible : opacité des algorithmes, mauvais usage des données, partage abusif auprès de tiers, etc.

Sur le long terme, ces déviances peuvent se retourner contre l'organisation qui en est responsable, en raison du rejet par le public ou d'actions judiciaires.

En conséquence, la gouvernance des données est appelée à occuper un rôle structurant dans le fonctionnement des entreprises.

Elle se situe à la jonction de la stratégie, de la conformité, de la technique et de la culture interne.

D'un point de vue managérial, elle impose l'instauration de comités, de politiques et de procédures afin de garantir une cohérence dans le traitement des informations, mais aussi une remontée fiable aux instances de décision.

Sur le plan technologique, elle exige la mise en place d'architectures claires, l'utilisation d'outils de suivi et de catalogues facilitant la compréhension et la localisation des ensembles de données, l'emploi de techniques de protection avancées (chiffrement, masquage, anonymisation), et le recours à des solutions de supervision et de reporting efficaces.

Le point central de cette dynamique réside dans la notion de fiabilité.

Une information dont on ne connaît pas la provenance, la qualité ou le degré de mise à jour peut induire de mauvaises décisions, voire menacer la réputation de l'entité qui s'y fie.

À l'inverse, des informations validées, structurées, à jour et conformes aux normes éthiques et légales constituent un levier de performance pour l'ensemble des départements de l'entreprise : finance, marketing, ressources humaines, production, etc.

La confiance instaurée au travers de pratiques rigoureuses permet de créer un environnement plus solide pour la prise de décision et favorise l'innovation responsable.

En examinant l'histoire récente, on constate que la demande en spécialistes de la gouvernance des données n'a cessé de croître.

Des postes tels que Chief Data Officer (CDO) ou Data Protection Officer (DPO) se sont multipliés, tout comme les formations et certifications liées à la gestion et la protection de l'information.

La sensibilisation du personnel en interne est également un élément clé de la réussite de tout programme de gouvernance : la meilleure architecture ne donnera pas les résultats escomptés si les équipes ne se l'approprient pas et n'adoptent pas les bonnes pratiques.

Il est donc nécessaire de diffuser une culture axée sur la responsabilité partagée, où chacun comprend les risques et les bénéfices inhérents à la manipulation des données, et agit en conséquence.

Par ailleurs, dans le contexte d'une économie mondialisée, les échanges entre partenaires, filiales et clients situés dans différents pays accentuent la complexité des démarches de conformité.

Les entités opérant sur plusieurs continents doivent composer avec des législations diverses et parfois contradictoires.

La gouvernance des données, lorsqu'elle est bien conçue, aide à harmoniser les processus et à mettre en place des standards techniques et organisationnels permettant de naviguer dans ce paysage juridique hétérogène.

Elle constitue un socle de cohérence pour l'ensemble de la chaîne de valeur et diminue le risque de sanctions administratives ou pénales.

Un autre aspect essentiel est la gestion des risques.

L'exposition accrue des systèmes d'information et l'accroissement des menaces liées à la cybercriminalité imposent la mise en place de dispositifs proactifs de protection.

Les vols d'informations, les ransomware, la corruption de bases de données ou la compromission de serveurs peuvent causer des dommages irréversibles à une organisation, aussi bien sur le plan financier qu'en termes d'image publique.

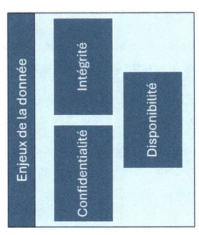

Fig. Enjeux entreprise ou organisation

La gouvernance des données s'articule alors étroitement avec la sécurité informatique et la gestion de la continuité d'activité, afin de parer à d'éventuelles interruptions ou intrusions.

Les mesures de résilience, telles que la sauvegarde et l'archivage, la segmentation des réseaux, ainsi que l'examen régulier des accès, font partie intégrante d'une approche globale de pilotage de l'information.

Le débat éthique, enfin, s'invite dans la discussion.

À l'ère de l'intelligence artificielle et des algorithmes d'apprentissage automatique, la question de la partialité et de la transparence se pose avec acuité.

Les modèles prédictifs, basés sur des échantillons de données, peuvent reproduire ou amplifier des discriminations si les ensembles de départ sont biaisés ou mal sélectionnés.

La gouvernance des données inclut donc un volet consacré à la vérification de la qualité de l'information utilisée dans ces algorithmes, à la surveillance de l'équité des résultats et à la documentation des processus de décision automatisés.

Cette vigilance est d'autant plus nécessaire que la confiance du grand public dans l'IA dépend de la capacité des concepteurs à démontrer que les analyses sont fondées sur des informations fiables et traitées de façon équitable.

Ainsi, la gouvernance des données ne se borne pas à la mise en place de quelques politiques internes : c'est un pilier central des organisations modernes.

Elle intervient comme un ensemble d'initiatives transversales, regroupant les services informatiques, juridiques, financiers, marketing, relations publiques, voire de recherche et développement.

Il s'agit de maîtriser l'ensemble du cycle de vie des données, de la collecte à la suppression ou l'archivage, en passant par le stockage et l'analyse.

À chaque étape, des exigences particulières se manifestent, qu'il s'agisse de respecter la finalité initiale de la collecte (notamment pour les données personnelles), de vérifier la qualité, ou de veiller à une bonne traçabilité.

Lorsqu'on évoque les enjeux, il est essentiel de souligner leur dimension économique.

Les informations, lorsqu'elles sont correctement exploitées, peuvent déboucher sur des opportunités nouvelles.

Les analyses prédictives, les modèles d'apprentissage et la data visualisation fournissent aux décideurs une compréhension fine des tendances du marché, des préférences de la clientèle ou des failles dans la chaîne logistique.

Cette connaissance approfondie offre la possibilité d'anticiper les évolutions et de concevoir des offres plus pertinentes, d'améliorer la satisfaction client et d'optimiser les coûts.

Une mauvaise organisation ou un manque de coordination autour de la gouvernance des données peut au contraire engendrer une fragmentation, des doublons et une faible fiabilité, compromettant la pertinence des résultats obtenus et ralentissant la capacité d'adaptation face à la concurrence.

Sur le plan sociétal, la maîtrise des informations devient un aspect majeur de la relation de confiance entre les organismes et leurs parties prenantes.

Que ce soit dans le domaine médical, bancaire, administratif ou marketing, les usagers consentent à partager des informations sensibles en échange d'un service ou d'un avantage.

Il est essentiel que ces personnes se sentent protégées, écoutées et respectées.

Les événements de ces dernières années, au cours desquels des plateformes d'envergure ont connu d'importantes fuites d'informations, ont ébranlé la confiance.

La mise en place de dispositifs robustes de gouvernance, associée à une communication transparente, permet de regagner cette confiance en montrant que chaque étape du traitement des données fait l'objet d'une attention particulière et d'un contrôle rigoureux.

En interne, la gouvernance des données a également pour effet de clarifier les responsabilités de chacun.

Au lieu de laisser les équipes informatiques porter seules le poids de cette mission, un programme efficace implique l'ensemble des départements.

Chaque acteur sait quels types d'informations il manipule, pour quelle finalité, et quelles procédures suivre en matière de classification, de protection ou de partage.

Le sentiment d'appropriation et la responsabilisation qui en découlent peuvent grandement améliorer la discipline collective, réduire les risques d'erreurs et favoriser une appropriation cohérente des outils et des procédures.

Au regard de la mondialisation et de la tendance à la dématérialisation, la gouvernance des données se positionne comme un prérequis pour tirer avantage des innovations sans s'exposer de manière inconsidérée.

Les services en nuage, par exemple, offrent une flexibilité et une puissance de calcul inédite.

Toutefois, ils soulèvent la question de la localisation des serveurs, de la législation applicable et des mesures de sauvegarde en cas de défaillance.

Attention :

- *Vous avez des dépendances à vos fournisseurs, vous ne pouvez tout faire de A à Z.*
- *Vous devez tenir compte de la qualité de fourniture des prestataires car ils vous permettent de rendre votre chaine de valeur plus efficiente.*
- *Si vous avez un fournisseur en contact avec votre client (service de livraison par exemple), en cas de défaillance de celui-ci, c'est votre image qui est en jeu.*

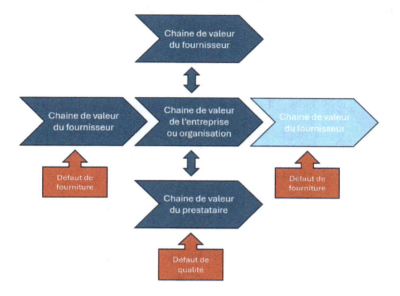

Fig. Image, fournisseurs et prestataires

Un contrat de service peut ne pas suffire pour garantir la conformité, d'où la nécessité d'instaurer des règles internes très claires définissant quel type d'information peut être hébergé à tel endroit, sous quelles conditions, et avec quels mécanismes de chiffrement ou d'anonymisation.

Un autre aspect essentiel concerne la normalisation et l'interopérabilité.

À mesure que la quantité d'outils, de plateformes et de bases de données grandit, il devient vital de recourir à des protocoles standardisés pour l'échange d'informations.

Les entreprises qui parviennent à interconnecter efficacement leurs systèmes s'épargnent des coûts de réconciliation ou de transformation, et gagnent du temps lors de l'analyse.

La gouvernance des données joue un rôle clé dans la mise en place de ces standards, car elle définit les mécanismes de validation, de documentation et d'harmonisation des formats.

Elle veille également à ce que les modifications ou migrations futures soient planifiées, testées et communiquées à l'ensemble des personnes concernées.

En parallèle, la notion d'innovation prend une place de choix.

Les avancées dans le domaine de l'IA, de la robotique ou de la réalité augmentée dépendent grandement de la qualité des ensembles de données utilisées pour concevoir et entraîner les modèles.

Une information lacunaire ou erronée entraînera des produits ou des services inadaptés, tandis qu'une base solide permettra de développer des solutions intelligentes, pertinentes et évolutives.

Cette réalité confère à la gouvernance des données une dimension stratégique, car elle conditionne la compétitivité de l'organisation à moyen et long terme.

Les métiers de la data se voient par ailleurs de plus en plus interdisciplinaires.

On demande désormais aux spécialistes informatiques de maîtriser des concepts juridiques de base, aux experts juridiques de comprendre les principes techniques derrière le traitement des informations, et aux managers de se familiariser avec les enjeux liés à la confidentialité et à la sécurité.

Cette transversalité favorise l'émergence de nouvelles compétences et encourage la collaboration inter-départements.

Un programme de gouvernance bien pensé facilite ce dialogue en fixant un langage commun, des référentiels partagés et des objectifs mesurables.

Le contexte économique est lui aussi influencé par l'émergence de multiples partenaires et prestataires spécialisés dans l'analyse ou le traitement d'informations.

Les organisations s'appuient fréquemment sur des consultants extérieurs, des fournisseurs de solutions d'analytique ou des infrastructures de stockage externalisées.

Cette sous-traitance accroît la nécessité de garder la main sur ses actifs informationnels.

Une bonne gouvernance des données définit les critères de sélection des partenaires, le niveau d'exigence en matière de sécurité et de confidentialité, ainsi que les modalités de contrôle et d'audit.

Ceci évite les dérives et les incompréhensions, tout en protégeant l'entité contre les atteintes potentielles à son image ou à sa réputation.

On ne peut aborder le sujet des enjeux sans parler de la conscience grandissante du grand public au sujet de ses droits.

De nombreux citoyens prennent davantage la mesure de la valeur de leurs informations personnelles et souhaitent comprendre comment elles sont collectées, stockées et utilisées.

Les entités sont donc confrontées à un devoir de transparence et d'explication, sous peine d'être pointées du doigt pour pratiques opaques.

Les lois en vigueur imposent d'ailleurs d'informer clairement les individus quant à *la finalité des traitements, de leur offrir la possibilité d'exercer leur droit d'accès, de rectification ou de suppression, et de respecter des durées de conservation proportionnées.*

Les structures qui font l'effort de se conformer à ces règles peuvent se distinguer positivement, en mettant en avant leur engagement en faveur du respect de la vie privée et de l'éthique.

Toute cette réalité montre que la gouvernance des données, dans son contexte actuel, est un enjeu à la fois organisationnel, réglementaire, technologique et sociétal.

L'organisation qui souhaite s'y préparer doit d'abord prendre conscience de l'étendue du sujet et identifier ses propres objectifs : se conformer aux textes de loi, tirer profit de l'analyse de l'information pour innover, instaurer une culture interne de la responsabilité, renforcer la confiance des consommateurs, etc.

Chacune de ces ambitions exige une feuille de route et un diagnostic initial.

Il est souvent recommandé d'évaluer l'existant en dressant un état des lieux complet, afin de cerner les failles, les points forts et les priorités.

Ensuite, la phase de planification prend le relais.

La gouvernance des données demande la définition de politiques internes, l'affectation de rôles bien distincts, l'adoption d'outils informatiques appropriés, la mise en place de formations ciblées et l'élaboration d'indicateurs de performance.

Cette orchestration nécessite un pilotage rigoureux, qui repose en général sur une équipe ou un comité dédié.

À travers ce dispositif, chaque décision relative aux flux ou aux processus de manipulation de l'information est prise en tenant compte des principes de conformité, de qualité et de protection.

La gouvernance des données ne peut plus être figée.

Au contraire, elle doit évoluer au gré des changements législatifs, des avancées technologiques et des mutations internes à l'entreprise.

Les méthodes d'hier ne sont pas nécessairement adaptées à la réalité de demain.

On assiste par exemple à l'émergence de nouveaux concepts, comme la data mesh, qui propose une organisation décentralisée en domaines, ou la data fabric, qui vise à unifier divers environnements hétérogènes sous un même cadre logique.

Ces tendances témoignent de la vitalité d'un secteur en pleine expansion, où l'agilité et la souplesse sont primordiales pour rester au niveau.

Enfin, il est judicieux de rappeler que la gouvernance des données peut être un formidable atout de transformation.

En imposant des pratiques saines et organisées, elle ouvre la voie à une exploitation harmonieuse de l'information.

Les équipes gagnent en confiance dans les indicateurs qu'elles tirent de leurs analyses, la direction peut envisager l'avenir avec une connaissance plus solide des tendances.

Les services opérationnels bénéficient d'un environnement stabilisé, où l'information est accessible, intègre et correctement classée.

Les bénéfices se répercutent sur l'efficacité, la réduction des coûts, la créativité et la réputation globale de l'organisation.

Le paysage actuel est marqué par un afflux colossal d'informations, des réglementations exigeantes, une concurrence acharnée et un public averti.

Les entités qui négligent la gouvernance de leurs données s'exposent à un risque majeur : celui de subir des pénalités, de perdre la confiance de leur clientèle, de rater des opportunités ou de s'embourber dans une logistique défaillante.

À l'inverse, celles qui investissent dans cette démarche, en se dotant d'une structure organisationnelle solide, en développant les compétences adéquates et en mettant l'accent sur la sécurité et l'éthique, disposent d'un levier puissant pour se démarquer et pérenniser leur développement.

En guise de conclusion provisoire, on peut affirmer que la gouvernance des données offre une feuille de route à toute organisation aspirant à naviguer dans l'économie de l'information sans perdre de vue ses obligations et ses responsabilités.

Elle instaure une discipline qui ne bride pas l'innovation, mais la canalise en lui donnant un cadre sain et maîtrisé.

Sur le plan contextuel, on comprend donc que la révolution numérique a poussé les entreprises et institutions dans une nouvelle ère où l'information se situe au cœur de toute stratégie.

Sur le plan des enjeux, la question n'est plus de savoir si la gouvernance doit être mise en place, mais plutôt comment la définir et la maintenir de manière efficiente et évolutive.

Ce livre, en explorant les différents aspects de la gouvernance des données, fournira les repères nécessaires pour aborder cette thématique avec méthode et lucidité, tout en anticipant les mutations futures qui ne manqueront pas de surgir.

Objectifs du livre

Les avancées technologiques ont fait émerger un environnement numérique inédit, dans lequel **_la maîtrise de l'information est devenue un enjeu majeur._**

Cette réalité a suscité un vif intérêt pour les méthodes de gouvernance, en particulier dans le domaine des données.

Les entreprises, les organismes publics et même les associations doivent désormais prendre conscience de l'impact potentiel d'une gestion rigoureuse sur leur stratégie, leur fonctionnement et leur pérennité.

Dans ce contexte, ce livre se propose de fournir un accompagnement structuré, complet et accessible, afin que le lecteur puisse mettre en place, améliorer ou réinventer un dispositif de gouvernance adapté à ses besoins.

Pour atteindre ce but, il est indispensable d'annoncer clairement les ambitions poursuivies par cet ouvrage.

La présente section s'intéresse précisément aux intentions et desseins qui sous-tendent la rédaction du volume.

Il s'agit de définir pourquoi et comment ce livre a été élaboré, ce que l'on espère transmettre, et les retombées possibles pour le public ciblé.

L'objectif est de proposer une vision d'ensemble et de situer chaque segment du texte dans une perspective pédagogique.

En effet, un ouvrage dédié à la gouvernance des données peut aborder une vaste gamme de sujets : principes fondamentaux, aspects réglementaires, rôles et responsabilités, impacts culturels, considérations techniques, entre autres thèmes.

Par conséquent, il est utile de dégager des axes clairs pour que le lecteur identifie rapidement la logique suivie et puisse naviguer dans la matière présentée avec aisance.

1. Fournir une compréhension globale de la gouvernance des données

Le premier grand dessein de ce livre est de proposer une vue d'ensemble sur la gouvernance de l'information, sous toutes ses facettes.

La discipline englobe la qualité, la structuration, le cycle de vie, la conformité légale, ainsi que les choix liés à la culture interne et aux processus de prise de décision.

Pour offrir cette compréhension intégrale, l'ouvrage propose une progression claire : on part des concepts fondateurs pour en arriver à la mise en pratique dans des contextes opérationnels variés.

Le lecteur peut ainsi appréhender l'historique de la gouvernance, son évolution au fil du temps, et la position qu'elle occupe dans des structures de plus en plus connectées.

Cette vue panoramique permettra d'éviter les lacunes, souvent sources d'erreurs lors de la mise en place d'un projet à l'échelle organisationnelle.

En définitif, l'objectif est de rassembler en un seul recueil l'ensemble des notions qui font de la gouvernance un pilier stratégique, afin que toute personne intéressée puisse s'informer et acquérir une compréhension approfondie de l'écosystème lié à la gestion de l'information.

2. Démystifier le vocabulaire et les notions techniques

Le second objectif découle directement du premier.

Une grande partie de la complexité entourant la gouvernance de l'information provient du foisonnement de termes, de sigles et de concepts techniques difficiles à cerner pour un public non spécialisé.

Les acronymes tels que ETL, EAI, MDM, DPO, CDO, ou encore l'utilisation d'expressions comme data lineage, data catalog et autres notions, peuvent rapidement noyer un lecteur pourtant motivé, et le dissuader d'approfondir sa lecture.

C'est pourquoi ce livre cherche à clarifier ces notions, à les rendre intelligibles et à faciliter leur réutilisation dans des échanges professionnels.

Pour mener à bien cette mission, chaque chapitre introduit les termes essentiels.

Des exemples concrets aident à faire le lien entre théorie et pratique.

Un glossaire détaillé, placé en fin d'ouvrage, vient compléter cette démarche pédagogique.

L'ambition est de rendre ces concepts accessibles, même à ceux qui ne possèdent pas de formation technique ou informatique solide.

Pour finir, on souhaite permettre aux responsables, dirigeants, analystes et autres parties prenantes de mener des discussions constructives avec les équipes techniques, en parlant un langage partagé.

La communication n'en sera que plus fluide, favorisant la cohésion autour des projets de gouvernance.

3. Présenter les bonnes pratiques et recommandations méthodologiques

Toute organisation souhaitant adopter ou renforcer son dispositif de gouvernance a besoin d'une feuille de route concrète.

Ceci implique la définition de procédures, la mise en place d'outils adaptés, l'élaboration de politiques internes et la répartition des rôles.

De nombreux responsables se demandent comment commencer, quelles étapes prioriser ou encore quels indicateurs suivre.

Le livre aspire à proposer des recommandations méthodologiques solides, nourries par l'expérience de différents acteurs et par la littérature spécialisée sur le sujet.

Dans cette optique, chaque chapitre aborde le "comment faire" et non seulement le "pourquoi".

Par exemple, les lecteurs découvriront comment configurer un comité de pilotage, affecter des responsabilités, analyser les niveaux de maturité ou sélectionner la technologie adéquate.

Ils trouveront également des repères pour mesurer l'avancement, rectifier une trajectoire ou optimiser la qualité de leurs jeux d'information.

Ainsi, l'une des vocations centrales de l'ouvrage est de fournir un accompagnement structuré et adaptable : que l'on se situe dans une petite structure, un grand groupe international ou une administration publique, chacun peut y puiser des conseils et des outils pour bâtir un environnement de gouvernance cohérent.

4. S'adapter aux contextes variés

La gouvernance de l'information peut prendre des formes différentes selon la taille de l'organisation, son secteur, son implantation géographique ou encore sa culture interne.

Une entreprise familiale de taille modeste ne fera pas face aux mêmes contraintes qu'un conglomérat multinational, une administration d'État aura d'autres priorités qu'une jeune pousse technologique.

Aussi, il est impératif de ne pas tomber dans la généralisation abusive.

L'ouvrage s'emploie donc à illustrer la théorie par des situations concrètes, prenant en compte la diversité des réalités.

Des exemples de projets réussis seront discutés, mais aussi des points de blocage ou de dysfonctionnement observés dans certains cas.

Cette prise en compte de la pluralité des environnements professionnels met en lumière des angles de vue souvent négligés.

Par exemple, dans le domaine de la santé, les problématiques liées à la confidentialité et à la sensibilité de l'information sont primordiales.

Dans le secteur bancaire, la résilience et la conformité réglementaire apparaissent comme des priorités constantes.

Au sein d'une entreprise de transport, la disponibilité en temps réel et la dimension logistique se révèlent déterminantes.

En donnant des illustrations à travers différents univers, le livre souhaite aider chaque lecteur à transposer les bonnes pratiques à son propre terrain, tout en tenant compte des contraintes et spécificités qui lui sont propres.

5. Souligner l'importance de la dimension humaine

On a souvent tendance à réduire la gouvernance de l'information à un ensemble de règles et de dispositifs technologiques.

Pourtant, la réussite repose largement sur la mobilisation des équipes, la motivation et la sensibilisation des collaborateurs, ainsi que la capacité de l'organisation à adopter une culture orientée vers la donnée.

Ainsi, l'un des fils conducteurs de l'ouvrage est la reconnaissance du rôle fondamental de l'humain dans la réussite d'une démarche de gouvernance.

Certains chapitres mettent en avant la nécessité d'un changement de mentalités, ce qui requiert d'élaborer des plans de communication internes, d'instaurer des formations ciblées et de valoriser l'expertise de chacun.

Le livre insiste également sur l'importance de la collaboration entre les services et sur la mixité des profils : informaticiens, juristes, responsables métier, équipe de communication, direction générale, etc.

En décrivant des outils concrets pour gérer ces aspects, l'ouvrage propose de donner aux dirigeants et chefs de projet les moyens de faire de la gouvernance un projet collectif, soutenu et reconnu par tous.

6. Offrir une lecture inclusive et pédagogique

Au-delà des volets purement méthodologiques et techniques, l'ouvrage se veut avant tout un support de formation et d'acculturation.

Il ne s'adresse pas uniquement aux spécialistes de la data ou aux professionnels rodés aux problématiques de conformité.

Son ambition est d'embrasser un public large : étudiants souhaitant se former, dirigeants curieux de comprendre les tenants et aboutissants de la gouvernance, responsables de services opérationnels devant prendre en main des projets liés aux bases d'information, consultants accompagnant des entreprises dans leur transformation, etc.

Pour répondre à cette diversité, le style d'écriture privilégie la pédagogie, tout en restant rigoureux.

Des études de cas concrets, des encadrés informatifs, des définitions ponctuelles et des schémas de synthèse aident à rendre le texte vivant.

Chaque segment cherche à mettre en évidence l'impact réel de la gouvernance sur le quotidien professionnel, soulignant à quel point une approche soignée peut éviter les écueils et favoriser la création de valeur à long terme.

En proposant plusieurs niveaux de lecture et de profondeur, le livre permet à chacun de trouver sa place, du lecteur débutant dans le domaine au responsable ayant déjà une solide expérience.

7. Anticiper les évolutions futures

Le domaine de la gouvernance de l'information est tout sauf figé.

Les changements législatifs, les percées technologiques, l'évolution des pratiques managériales ou la découverte de nouveaux enjeux (par exemple, la montée en puissance de l'intelligence artificielle ou l'importance grandissante des objets connectés) modifient en permanence la donne.

Un ouvrage consacré à cette thématique se doit donc d'intégrer une réflexion sur l'avenir.

Cela passe par l'examen de tendances émergentes actuellement, comme les architectures distribuées, l'automatisation croissante des tâches de classification, l'arrivée de la connectivité ultra rapide des mobiles et l'essor de la recherche sur l'informatique quantique.

Ces phénomènes engendrent un repositionnement des priorités, et les responsables de la gouvernance doivent rester en alerte pour adapter leurs méthodes.

Ainsi, l'une des aspirations de ce livre est de prévenir les lecteurs que la gestion de l'information est un processus en mouvement, jamais complètement abouti, qui nécessite une capacité de veille et une mise à jour régulière des compétences.

En d'autres termes, l'ouvrage entend démontrer à quel point la souplesse et la réactivité sont des atouts incontestables dans un paysage en permanente transformation.

8. Faciliter la mise en action concrète

Un autre axe important réside dans l'aspect opérationnel.

Les lecteurs, qu'ils soient cadres, chefs de projet, consultants ou simples collaborateurs sensibilisés à la data, veulent en général aller au-delà de la théorie.

Ils aspirent à trouver des points de repère, des listes de vérification, des exemples de processus à implémenter, des idées d'indicateurs ou de tableaux de bord, ainsi que des retours sur les outils informatiques utiles.

Le livre propose donc, dans chacun de ses chapitres, des éléments concrets pour passer à la pratique.

Qu'il s'agisse de créer un comité de gouvernance, d'élaborer une classification adéquate pour les ensembles d'information, de mettre en place une politique d'accès aux documents sensibles ou encore de choisir un logiciel pour la gestion du catalogue de données, l'ouvrage cherche à guider le lecteur, étape après étape.

De la sorte, chacun est en mesure de piocher dans les suggestions proposées celles qui correspondent à son environnement, puis de les adapter aux spécificités de son domaine.

Cette dimension pratique est d'autant plus précieuse que la gestion de l'information touche souvent à la structure profonde de l'entreprise, nécessitant une démarche maîtrisée et progressive.

9. Bâtir une culture durable

Pour terminer, le dernier volet des ambitions de ce livre porte sur la volonté d'instaurer une culture d'entreprise centrée sur la gestion intelligente de l'information, au-delà des mesures purement techniques et réglementaires.

Il ne s'agit pas seulement d'installer un comité ou de publier une charte : la réussite d'une gouvernance tient à la cohérence entre les discours et les actes, à la persévérance des équipes et au soutien indéfectible de la direction.

Le livre entend donc démontrer la dimension évolutive de toute démarche.

Lorsqu'elle est intégrée en profondeur, elle stimule la qualité des échanges, consolide la confiance réciproque et nourrit l'innovation.

À travers l'étude des mécanismes de conduite du changement, des stratégies de communication interne, de la formation des collaborateurs et de la reconnaissance de la valeur de la donnée, l'ouvrage insiste sur le caractère collectif de cette évolution.

Les équipes sont invitées à s'approprier progressivement les principes directeurs, à les incarner dans leurs pratiques quotidiennes, et à se sentir copropriétaires de l'aventure de la gouvernance.

En fin de compte, on souhaite inspirer chaque lecteur pour qu'il devienne porteur d'une vision plus large, dans laquelle l'information n'est pas seulement une ressource exploitable, mais un fondement de l'organisation moderne et un socle pour les changements à venir.

Objectifs

À travers cette partie consacrée aux objectifs, il apparaît que l'ouvrage vise bien plus qu'une simple exposition de concepts.

Il ambitionne d'être un compagnon sur la durée (il faudra envisager plusieurs lectures à plusieurs époques et niveaux de maturité).

A la fois pédagogique et opérationnel, afin de soutenir toute entité désireuse de perfectionner la gestion de son patrimoine informationnel.

La gouvernance de l'information est souvent présentée comme un domaine réservé aux experts ou aux services juridiques et informatiques.

Pourtant, ses implications touchent tout le monde dans une structure, quelle que soit sa position ou son champ de responsabilité.

L'un des paris de ce livre est donc de réunir les publics les plus variés autour d'une cause commune : apprendre à connaître, protéger, valoriser et faire grandir les actifs informationnels.

En clarifiant le sens général de la démarche, en exposant les grands principes et en proposant des outils concrets, chaque chapitre contribuera à renforcer la capacité du lecteur à devenir un acteur majeur dans la maîtrise de ses données.

Bien entendu, aucun ouvrage ne prétend à l'exhaustivité parfaite ni ne peut fournir une recette infaillible pour toutes les situations.

Cependant, en dégageant les grands invariants et en illustrant des approches variées, ce texte cherche à poser un cadre solide qui servira de référence.

Les futurs décideurs, accompagnateurs ou simples curieux y trouveront de quoi stimuler leur réflexion et guider leurs pas.

Lorsque la lecture sera terminée, l'idéal est que chacun reparte avec une meilleure compréhension des enjeux et, surtout, avec la volonté d'agir dans son propre périmètre, que ce soit au niveau d'une équipe, d'un service, d'une direction ou de l'organisation dans son ensemble.

Les objectifs du livre sont multiples et complémentaires.

Ils se placent à la fois dans une optique de transmission de savoirs, de partage d'expériences, d'outillage méthodologique et d'inspiration pour l'avenir.

On espère ainsi que le lecteur, qu'il soit novice ou confirmé, puisera dans ces pages la motivation et les moyens d'aborder la gouvernance de l'information avec sérénité.

Les chapitres suivants déclineront chacune de ces visées dans le détail, avec, en filigrane, cette ambition permanente : aider chaque structure à saisir les opportunités qu'offre une gestion structurée de son capital informationnel, tout en évitant les pièges d'une approche trop superficielle ou déconnectée de la réalité du terrain.

En vous souhaitant une excellente lecture.

Partie I : fondations et concepts

Chapitre 1 : Définitions et principes de base

L'univers professionnel attache une importance de plus en plus marquée à la manière dont les informations sont traitées, aussi bien sur le plan organisationnel que sur le plan éthique et réglementaire.

Dans cet environnement, la gouvernance des données occupe une place stratégique pour toute entité souhaitant piloter efficacement son patrimoine informationnel.

Cependant, il est fréquent de constater une certaine confusion quant à la différence entre la gouvernance en tant que telle et la gestion qui y est associée.

De plus, bien des responsables s'interrogent sur les éléments constitutifs du pilotage, ainsi que sur les avantages tangibles qu'ils peuvent en tirer.

Enfin, les notions de responsabilité et de transparence, trop souvent reléguées au second plan, apparaissent pourtant comme des piliers majeurs de la démarche.

Ce premier chapitre vise à clarifier chacune de ces notions, en mettant en lumière les principes fondateurs qui serviront de base à l'ensemble de l'ouvrage.

1. Différencier gouvernance et gestion des données

1.1. Un amalgame répandu

Nombre de professionnels emploient couramment les termes « gouvernance des données » et « gestion des données » comme s'ils étaient interchangeables, ce qui suscite parfois des malentendus au sein des équipes et des directions.

Il est vrai que les deux concepts se situent dans le même domaine et ont pour objectif d'assurer le meilleur usage possible des informations.

Toutefois, ils ne s'opèrent pas au même niveau ni avec la même finalité.

La gestion des données se concentre sur l'ensemble des activités opérationnelles liées au cycle de vie de l'information : collecte, stockage, transformation, analyse, distribution, archivage et suppression, selon les politiques en vigueur.

Elle inclut notamment l'administration des bases, la surveillance des flux, l'intégration de nouvelles sources, la maintenance d'applications spécifiques et la résolution de problèmes techniques au quotidien.

Autrement dit, elle mobilise les équipes informatiques et les responsables métier qui opèrent de façon concrète sur le terrain, afin que les informations soient disponibles et utilisables dans les meilleures conditions.

La gouvernance des données, quant à elle, s'élève à un niveau plus stratégique.

Elle se définit comme un cadre d'ensemble, un modèle de pilotage et de contrôle visant à fixer des objectifs, des règles, des rôles et des processus permettant de s'assurer que l'organisation gère son patrimoine informationnel de manière cohérente, fiable et conforme aux exigences éthiques et légales.

Là où la gestion s'occupe de l'exécution et des tâches journalières, la gouvernance cherche à mettre en place une vision à long terme et des principes directeurs.

Cette différence se traduit par la création d'instances ou de comités spécifiques, par la formalisation de politiques, et par la définition de mesures de suivi et d'audit qui dépassent la simple dimension technique.

1.2. Des responsabilités complémentaires

Au sein d'une organisation, la gestion quotidienne peut être confiée à des professionnels de l'informatique, des chefs de projet, des ingénieurs, des analystes de bases ou encore des spécialistes de l'assurance qualité.

Ils s'occupent d'implémenter les meilleures pratiques opérationnelles, de surveiller la disponibilité des plateformes, d'optimiser les performances et de résoudre les incidents lorsqu'ils surviennent.

En parallèle, la gouvernance implique généralement un comité ou une équipe de pilotage regroupant des représentants des différentes unités métier, des experts juridiques, des spécialistes de la conformité, ainsi que des cadres de direction.

Cette entité a la responsabilité de définir les lignes de conduite : quelle politique de sécurité adopter, quelles priorités assigner à la qualité, comment aligner les données sur la stratégie de l'organisation, et comment attribuer les rôles (par exemple, désigner qui est propriétaire de telles informations, qui a le droit de les modifier, qui supervise la fiabilité globale).

1.3. Les conséquences d'une confusion entre les deux

Lorsque la différence entre gouvernance et gestion n'est pas clairement établie, il arrive qu'on sollicite les équipes opérationnelles pour des problématiques dépassant leur champ d'action stratégique, ou qu'au contraire, un comité de direction s'immisce excessivement dans les questions techniques de bas niveau.

Cette confusion peut ralentir les projets, disperser les efforts et nuire à la cohérence globale.

Au contraire, en identifiant nettement ce qui relève de l'une et de l'autre, on favorise une répartition claire des tâches et une meilleure efficacité.

De plus, la hiérarchie opérationnelle trouve sa légitimité dans l'application de politiques validées au niveau stratégique.

Cette coopération harmonieuse constitue la base d'une démarche structurée, qui se traduit par une réduction des risques et une élévation de la qualité globale du patrimoine informationnel.

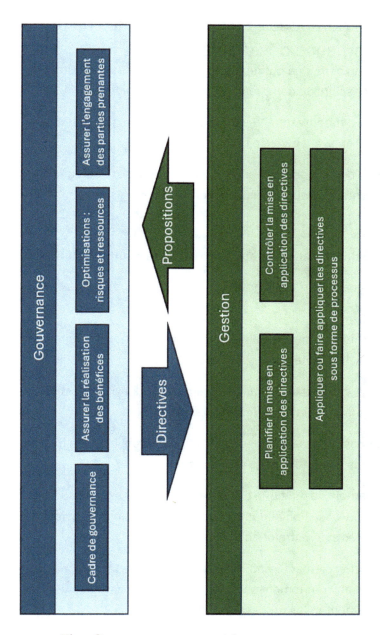

Fig. Gouvernance et Management

2. Les composantes fondamentales de la gouvernance des données

Pour bien cerner ce qu'implique la gouvernance dans son ensemble, il est nécessaire de comprendre ses principaux volets.

Il existe différents modèles théoriques, plus ou moins détaillés, qui mettent en avant divers piliers.

Toutefois, la plupart des auteurs s'accordent sur quelques éléments récurrents, que nous allons passer en revue.

2.1. La définition d'une stratégie et d'une politique globale

Sans ligne directrice, la gouvernance perd en cohérence et en efficacité.

La première composante réside donc dans l'énoncé d'une stratégie reflétant la finalité de l'organisation.

Elle doit énoncer la vision, les objectifs poursuivis en matière d'information, ainsi que les résultats attendus.

Cette vision se traduit ensuite en une politique, laquelle fixe des principes généraux et des règles d'application.

Par exemple, la politique de gouvernance peut exiger que toute donnée collectée fasse l'objet d'une classification selon sa sensibilité, et que son accès soit restreint en conséquence.

Elle peut également imposer le stockage de certains types de données dans un environnement sécurisé, ou exiger un certain niveau de qualité pour alimenter des processus critiques.

2.2. Les rôles et responsabilités

Une gouvernance rigoureuse exige d'identifier clairement qui fait quoi.

On y retrouve :

- **Le propriétaire des données (Data Owner)** : souvent un responsable métier qui définit la finalité d'utilisation et la sensibilité de l'information dont il a la charge.

- **Le gardien ou régulateur (Data Steward ou Data manager)** : chargé de s'assurer que les règles sont respectées, que la qualité est au rendez-vous et que les processus de gestion restent conformes.

- **Le comité de pilotage** : composé de managers et de directeurs, il tranche sur les orientations, valide les politiques et arbitre les conflits d'intérêts.

- **Les équipes techniques** : garantes de la mise en œuvre pratique, du bon fonctionnement des systèmes, de la sécurité et de la performance.

Dans certaines organisations, on trouve aussi un dirigeant spécifique, appelé Chief Data Officer (CDO), qui coordonne l'ensemble du dispositif et fait le lien entre la direction générale et les équipes opérationnelles.

Cette attribution de rôles clairs est cruciale pour éviter que des responsabilités ne se chevauchent ou ne tombent dans l'oubli.

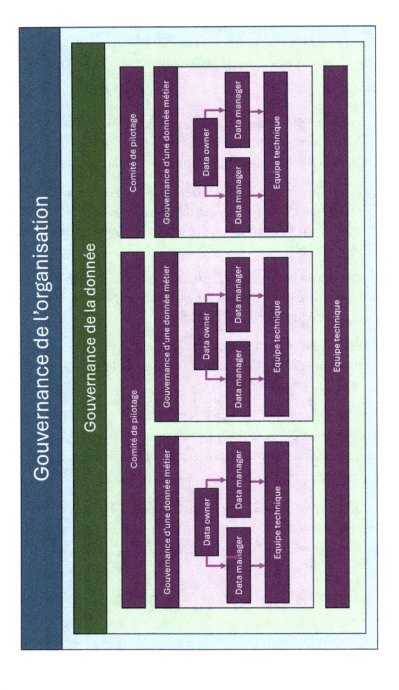

Fig. Gouvernances

2.3. Les processus et workflows

Une gouvernance formalisée implique de décrire comment les données sont créées, modifiées, validées, partagées, archivées ou supprimées, afin de garantir la cohérence et la traçabilité.

Cela revient à établir un ensemble de processus ou workflows, parfois appuyés par des outils logiciels, qui encadrent chacune des étapes du cycle de vie.

Les points de contrôle et les autorisations sont spécifiés de manière explicite, ce qui facilite les audits et la détection d'anomalies.

Par exemple, dans une entreprise financière, un processus peut déterminer les règles à suivre pour la collecte de données sensibles sur la clientèle, le contrôle de cohérence, l'intégration dans le data warehouse, puis la génération de rapports destinés à des fins réglementaires.

Chaque étape est documentée et pilotée pour s'assurer que les meilleures pratiques sont appliquées et que les intervenants agissent dans un cadre approuvé.

2.4. Les politiques de qualité et de sécurité

Afin d'éviter l'exploitation de données obsolètes ou erronées, tout programme de gouvernance inclut un dispositif de suivi de la qualité.

Les critères peuvent concerner la complétude, l'exactitude, la cohérence ou l'accessibilité.

Les mesures correctives à mettre en place sont alors définies en cas de dérives constatées.

En outre, la sécurité est un volet incontournable : contrôles d'accès, chiffrement, sauvegardes, audits des droits attribués, etc.

Les incidents et failles potentielles doivent être identifiés et adressés dans des plans de reprise ou de continuité d'activité, afin de limiter l'impact d'un événement imprévu.

2.5. Les mécanismes d'évaluation et d'amélioration continue

Aucune gouvernance digne de ce nom ne peut exister sans un système permettant d'évaluer sa performance et de lancer des actions d'amélioration.

On retrouve souvent des indicateurs de performance pour mesurer la qualité, le respect des exigences légales, le taux d'incidents, le niveau d'adoption par les équipes, ou encore le retour sur investissement.

Les audits internes ou externes, menés à intervalles réguliers, contribuent également à faire évoluer les pratiques et à alimenter un cycle vertueux d'amélioration continue.

Ainsi, la gouvernance se conçoit comme un processus vivant et adaptatif, plutôt qu'un dispositif figé qui serait figé dans le temps.

3. Valeur et bénéfices pour l'entreprise

3.1. Meilleure qualité de l'information

Lorsque la gouvernance est bien établie, l'organisation dispose d'informations plus fiables.

Les règles de validation, la classification, les contrôles de cohérence ou encore la gestion rigoureuse des doublons contribuent à assurer que *les utilisateurs peuvent se fier aux données qu'ils manipulent ou qu'ils consultent.*

Cet aspect qualitatif entraîne des répercussions sur les processus décisionnels : la direction, comme les équipes opérationnelles, basent alors leurs choix sur des sources plus sûres, réduisant le risque d'erreurs stratégiques.

3.2. Optimisation des coûts et gain de temps

Une organisation qui ne pilote pas son patrimoine informationnel risque d'investir des sommes considérables dans le stockage de données redondantes ou inutiles, tout en subissant des pertes liées à la recherche ou à la correction d'informations obsolètes.

Par ailleurs, l'absence de normes partagées peut générer de multiples solutions parallèles, chacune avec ses spécificités, augmentant la complexité générale.

Une gouvernance structurée amène souvent une rationalisation : les bases sont mieux organisées, les doublons éliminés, les processus simplifiés.

À la clé, on trouve des économies financières et un gain en efficacité pour les équipes, qui n'ont plus à parcourir de multiples sources ou à mener des réconciliations fastidieuses.

3.3. Respect des réglementations et réduction des risques

De nos jours, la non-conformité légale peut entraîner de graves conséquences, qu'il s'agisse d'amendes, de poursuites judiciaires ou d'atteintes à la réputation.

De nombreuses législations, comme le RGPD en Europe, exigent un haut niveau de protection et de traçabilité, ainsi qu'un traitement correct et transparent des données personnelles.

Grâce à la gouvernance, l'entreprise se dote d'un cadre lui permettant de surveiller ses pratiques, d'anticiper les exigences, et de justifier ses décisions en cas de contrôle.

Par ailleurs, en sécurisant son patrimoine informationnel et en réduisant les angles d'attaque, elle se prémunit contre le vol de données ou d'autres menaces informatiques.

3.4. Soutien à la prise de décision et à l'innovation

Les entreprises d'aujourd'hui sont de plus en plus orientées vers l'analyse et l'exploitation d'informations massives, afin de découvrir des tendances de marché, d'optimiser leurs produits ou d'enrichir l'expérience client.

Toutefois, sans un dispositif de gouvernance, l'accumulation de grands volumes ne garantit pas une exploitation intelligente.

Le pilotage met en place les conditions nécessaires pour consolider, structurer et rendre accessibles des jeux de données pertinents, ouvrant la voie à la création de valeur par la data science ou les technologies d'intelligence artificielle.

En outre, cette solidité facilite l'exploration de nouvelles opportunités, les projets pilotes, et encourage la collaboration entre départements.

3.5. Amélioration de la confiance auprès des partenaires et clients

Dans un monde où la confiance peut être érodée par la révélation de failles de sécurité ou de détournement d'informations, il est impératif de montrer patte blanche.

Lorsque l'organisation démontre qu'elle a mis en place un dispositif de gouvernance fiable, elle rassure ses partenaires et sa clientèle.

Les contrats peuvent être signés plus rapidement, en particulier dans les secteurs sensibles comme la finance ou la santé, où la crédibilité repose en grande partie sur la fiabilité et la confidentialité des échanges.

À long terme, cela confère un avantage concurrentiel, puisque la transparence et la robustesse inspirent un sentiment de sûreté et d'engagement.

4. Notions de responsabilité (accountability) et de transparence

4.1. Pourquoi la responsabilité est au cœur de la gouvernance

La responsabilité, souvent désignée par le terme anglais *accountability*, implique que chaque acteur reconnaisse et assume les conséquences de ses actions ou de ses décisions relatives aux données.

Ce concept dépasse la seule assignation de tâches, puisqu'il engage également la notion de devoir rendre compte.

Lorsqu'un propriétaire de données valide la modification d'un ensemble d'informations, il se doit d'en mesurer les impacts, de vérifier que les règles en vigueur sont respectées et qu'il n'y a pas de contournement des procédures de contrôle.

Cette exigence de responsabilité n'a pas pour finalité de blâmer ou de sanctionner à tout-va, mais plutôt de favoriser une démarche proactive où chacun prend conscience du rôle qu'il occupe dans la chaîne de valeur.

Au lieu d'imputer les erreurs à une défaillance collective, on sait précisément qui doit être informé et qui doit prendre l'initiative de corriger la situation.

Cette clarté organisationnelle contribue à la maturité globale de l'entité et à sa capacité à évoluer de manière saine et équilibrée.

Le « accountable » est toujours le vrai responsable, il ne peut transférer la responsabilité au « responsible » que s'il est assuré que le « responsible » est formé et correctement informé et qu'il possède les moyens de gérer la problématique sans ingérence (bien sûr).

DYNAMAP SI, le framework d'architecture d'entreprise

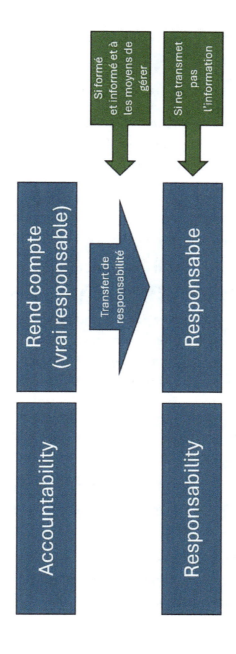

Fig. Accountability

4.2. Les mécanismes de traçabilité et d'audit

Pour garantir la responsabilité, il est essentiel d'instaurer des mécanismes de traçabilité qui consignent les actions, les modifications, les accès, et tout événement marquant touchant le patrimoine informationnel.

Les journaux (logs) sont ainsi conservés afin de pouvoir remonter à la source d'un changement ou identifier qui a consulté quelle information.

Au-delà de l'aspect purement technique, cette traçabilité est intégrée à la gouvernance via des processus d'audit.

Ceux-ci peuvent être menés par des équipes internes spécialisées ou par des cabinets externes, permettant de vérifier non seulement la conformité aux règles, mais aussi l'adéquation entre les pratiques réelles et la politique édictée en amont.

La traçabilité incite naturellement les utilisateurs à agir avec prudence et discernement, sachant que leurs actions sont potentiellement contrôlées.

Les comptes rendus d'audit fournissent quant à eux des éléments concrets pour évaluer l'efficacité du pilotage *et identifier des marges de progression.*

Enfin, la transparence, c'est-à-dire la capacité à exposer ces éléments de traçabilité en interne ou auprès des autorités compétentes, renforce la confiance dans les processus.

Les organisations qui s'appuient sur un système d'audit rigoureux peuvent également argumenter plus aisément en cas de litige ou de suspicion d'anomalie.

4.3. L'importance de la transparence vis-à-vis des parties prenantes

La transparence implique de rendre visibles, dans une certaine mesure, les règles et les pratiques mises en œuvre pour gérer les données.

Cela signifie expliquer pourquoi des informations sont collectées, comment elles sont utilisées, avec qui elles peuvent être partagées, et sous quelles conditions elles sont protégées ou anonymisées.

Dans un contexte où la législation sur la confidentialité s'est nettement renforcée, la transparence n'est plus une option, mais un facteur essentiel de la confiance du public, des partenaires et des autorités de contrôle.

Sur le plan interne, la transparence se traduit par la mise à disposition de directives claires, par la sensibilisation régulière des collaborateurs, ainsi que par le partage des résultats d'audit et des retours d'expérience.

Les individus ont davantage confiance dans un système qu'ils comprennent, et ils sont plus enclins à respecter des règles qu'ils jugent justifiées.

La volonté de cacher ou de dissimuler des pratiques, à l'inverse, risque de nuire à la dynamique collective, de générer de la suspicion, voire de pousser certains acteurs à contourner les procédures.

4.4. Équilibre entre transparence et confidentialité

Bien entendu, l'obligation de transparence ne signifie pas dévoiler toutes les informations à tout le monde sans discernement.

Il faut établir un équilibre entre la nécessité d'exposer les principes gouvernant le traitement des données et celle de préserver la confidentialité de certaines informations pour des raisons de sécurité, de concurrence ou de respect de la vie privée.

La gouvernance, en déterminant des niveaux d'accès et de classification, sert justement à mettre en cohérence la volonté de rendre compte et la protection des intérêts légitimes.

Par exemple, dans une banque, il est indispensable d'expliquer aux clients comment leurs données sont traitées, les finalités de chaque collecte, les mesures de protection mises en place et leurs droits en matière de suppression ou de rectification.

Toutefois, il ne serait pas raisonnable pour autant de publier l'arborescence interne des serveurs ou la configuration exacte des mécanismes de chiffrement, car cela donnerait trop d'indices aux cybercriminels.

La gouvernance fixe donc un cadre qui, tout en favorisant une communication saine, préserve les secrets industriels ou commerciaux nécessaires.

Conclusion du chapitre 1

Ce premier chapitre a offert un panorama des définitions et concepts de base concernant la gouvernance des données.

Il a mis en évidence la distinction essentielle entre la gouvernance, avec sa dimension stratégique et règlementaire, et la gestion, plus orientée vers la mise en pratique quotidienne.

Ensuite, nous avons parcouru les composantes fondamentales du dispositif, depuis la définition d'une politique jusqu'à l'évaluation continue, en passant par l'organisation des rôles et responsabilités, la formalisation des processus et la mise en place de dispositifs de contrôle.

Nous avons constaté que cette démarche apporte de multiples avantages à l'entité qui l'adopte : amélioration de la qualité de l'information, optimisation des coûts, conformité légale renforcée, prise de décision éclairée, soutien à l'innovation, et meilleure crédibilité auprès des tiers.

Enfin, nous nous sommes penchés sur la responsabilité et la transparence, deux principes fondateurs sans lesquels toute gouvernance resterait incomplète.

Ils permettent de clarifier les conséquences des actions, de rassurer les intervenants et de construire un climat de confiance au sein comme à l'extérieur de l'organisation.

Par l'instauration de mécanismes de traçabilité, d'audit et de communication, chacun peut comprendre où se trouve sa propre place dans le dispositif, agir de manière réfléchie et contribuer à la réussite commune.

Les prochaines sections de l'ouvrage entreront plus avant dans la mise en application pratique de ces principes, en détaillant notamment le cadre légal et normatif, puis en explorant pas à pas la construction d'un programme de gouvernance.

Grâce à la compréhension acquise dans ce chapitre, le lecteur est désormais équipé pour saisir la logique globale qui sous-tend la démarche, et pour mieux appréhender les défis et opportunités spécifiques à son secteur d'activité ou à son organisation.

Chapitre 2 : Cadre réglementaire et normatif

Les organisations de toute nature (privées, publiques, associatives) se trouvent aujourd'hui confrontées à un environnement légal et normatif complexe, qui régule la manière dont elles peuvent collecter, traiter, conserver et partager les informations.

L'augmentation des volumes numériques, la diversification des usages, ainsi que la sensibilisation grandissante de la société aux questions de confidentialité et de respect des libertés individuelles, ont abouti à la création de multiples lois, règlements et standards.

Cette évolution place la gouvernance des données au premier rang des préoccupations, puisqu'il ne s'agit plus seulement d'optimiser le stockage ou de fluidifier le partage, il est aussi question de conformité, d'éthique et de responsabilité envers les personnes concernées.

Dans ce second chapitre, nous allons nous pencher sur les principaux textes de référence, en décrivant comment ils influencent la gestion de l'information.

Dans un second temps, nous examinerons quelques normes et standards internationaux, adoptés ou recommandés pour structurer les pratiques en matière de sécurité, de qualité ou d'architecture de l'information.

Enfin, nous aborderons la dimension juridique et éthique, souvent indissociable du pilotage réglementaire, car elle détermine la légitimité même d'un dispositif de gouvernance.

1. Réglementations (GDPR, CCPA, etc.) et leur impact

1.1. Émergence d'une protection renforcée des données personnelles

Au cours des dernières décennies, la collecte de renseignements sur les individus s'est intensifiée, stimulée par l'essor du commerce en ligne, des plateformes sociales et des applications connectées.

Ce phénomène a mis en évidence la vulnérabilité des personnes face aux usages parfois abusifs de leurs informations privées.

Pour y remédier, de nombreuses lois sont nées, visant à protéger les individus et à imposer des limites claires à la collecte et au traitement de ces contenus sensibles.

En Europe, le Règlement général sur la protection des données (RGPD) est devenu un repère incontournable pour toutes les entités manipulant des informations à caractère personnel.

Entré en application en mai 2018, il a un effet considérable, puisqu'il s'applique non seulement aux acteurs européens, mais aussi à toute structure, située hors du continent, qui traite des données relatives à des résidents de l'Union européenne.

Dans une dynamique similaire, la Californie a mis en place le California Consumer Privacy Act (CCPA), entré en vigueur en 2020, pour encadrer les pratiques des entreprises en matière de collecte, de vente et de divulgation des informations personnelles des consommateurs californiens.

1.2. Principes directeurs du RGPD

Le texte européen se fonde sur plusieurs principes majeurs :

- **Consentement et transparence** : Les individus doivent être informés de manière claire sur l'usage de leurs informations et y consentir en connaissance de cause.

- **Limitation des finalités** : Les renseignements ne peuvent être recueillis que pour des objectifs précis, légitimes et clairement énoncés.

- **Minimisation de la collecte** : Seules les informations strictement nécessaires à la finalité annoncée doivent être collectées.

- **Intégrité et confidentialité** : Des mesures de sécurité appropriées doivent être mises en place pour prévenir les accès non autorisés, la perte ou la divulgation illicite.

- **Droits renforcés** : Les résidents européens disposent de droits étendus, tels que l'accès, la rectification, la suppression ou la portabilité de leurs informations.

Pour l'organisation, se mettre en conformité implique un travail parfois conséquent : documentation détaillée des traitements, mise en place de procédures de gestion des demandes d'effacement, analyse d'impact sur la protection de la vie privée (PIA) quand le risque est élevé, formation du personnel, nomination d'un délégué à la protection (Data Protection Officer) dans certains cas, etc.

1.3. Le CCPA et la montée en puissance des réglementations américaines

Aux États-Unis, le droit à la protection privée n'est pas unifié au niveau fédéral, mais relève souvent des États.

La Californie a été la première à se doter d'un arsenal législatif renforcé en la matière.

Le CCPA exige notamment que les entreprises précisent aux consommateurs la finalité de la collecte et leur offrent la possibilité de refuser la vente de leurs informations personnelles.

Il autorise aussi les individus à demander la suppression de leurs données et impose une transparence dans le partage ou la monétisation des informations.

Le cadre américain, bien qu'il varie selon les États, tend à converger vers une préoccupation accrue pour la confidentialité.

On anticipe que d'autres législations locales ou nationales feront leur apparition.

Pour les entreprises internationales, cette complexité exige de mettre en place des dispositifs de gouvernance suffisamment agiles pour prendre en compte les spécificités de chaque zone géographique, sous peine de s'exposer à des sanctions ou de perdre la confiance des utilisateurs.

1.4. Autres réglementations sectorielles ou régionales

Au-delà du RGPD et du CCPA, de nombreux textes sectoriels ou régionaux méritent d'être mentionnés.

Par exemple, la loi HIPAA aux États-Unis encadre la confidentialité et la sécurité des informations de santé, le PIPEDA au Canada réglemente la manière dont les organismes du secteur privé traitent les informations personnelles, le POPIA en Afrique du Sud, le LGPD au Brésil, ou encore la PDPA à Singapour s'inscrivent dans la même mouvance internationale de protection des personnes contre les traitements abusifs ou insécurisés.

Tous ces textes, avec leurs nuances propres, reposent toutefois sur des principes semblables : droit à l'information, limitation de la collecte, sécurisation des données, et sanctions en cas de non-respect.

Les entreprises doivent donc faire l'effort d'analyser la cartographie de leurs activités, afin de déterminer quelles lois s'appliquent à elles.

Les pénalités peuvent se révéler très élevées (jusqu'à 4 % du chiffre d'affaires annuel mondial pour le RGPD), sans oublier les atteintes réputationnelles et la perte potentielle de clientèle.

1.5. Impact sur la gouvernance des données

Sur le plan de la gouvernance, ces réglementations entraînent une évolution profonde des politiques internes.

D'abord, elles imposent de consigner et de justifier les traitements : pourquoi, comment et où les informations sont conservées, qui y a accès, quelle est la base légale (consentement, contrat, intérêt légitime, obligation réglementaire, etc.).

Des processus de vérification et d'audit doivent être instaurés pour prouver la conformité.

Aussi, le principe du *privacy by design* (c'est-à-dire la prise en compte de la protection dès la conception d'un projet ou d'un outil) exige une collaboration étroite entre juristes, informaticiens et métiers.

Enfin, la formation et la sensibilisation du personnel prennent une importance déterminante : si l'ensemble des collaborateurs ne respecte pas les règles, l'organisation reste vulnérable.

2. Normes et standards internationaux (ISO, IEC, etc.)

2.1. Rôle des référentiels normatifs

Outre les lois et règlements émanant des autorités politiques, il existe une série de référentiels internationaux promus par des organismes de normalisation tels que l'SIO (International Organization for Standardization) ou l'IEC (International Electrotechnical Commission).

Les normes qu'ils édictent visent à harmoniser les pratiques, à proposer des cadres reconnus de bonne conduite et à faciliter la reconnaissance mutuelle entre entités de différents pays.

La certification, souvent optionnelle, peut alors constituer un gage de confiance pour les partenaires et les clients.

Ces référentiels ne sont pas nécessairement contraignants au même titre que la loi, mais s'avèrent fortement recommandés pour structurer la gouvernance.

Ils apportent un langage commun et des indicateurs de performance, tout en aidant à répondre à certaines exigences des textes légaux.

En effet, une organisation certifiée selon un standard de sécurité réputé pourra plus facilement prouver qu'elle respecte ses obligations de protection.

2.2. ISO/IEC 27001 et la gestion de la sécurité

L'une des normes les plus connues et adoptées à travers le monde est l'SIO/IEC 27001, qui définit les exigences relatives à la mise en œuvre d'un Système de Management de la Sécurité de l'Information (SMSI).

Elle propose une approche systématique pour identifier les risques, appliquer des mesures de protection appropriées, suivre leur efficacité dans le temps et instaurer un cycle d'amélioration continue.

Les grandes lignes d'iso/IEC 27001 incluent :

- **Politique de sécurité** : définition d'un document formel précisant la vision, les objectifs et les règles générales.

- **Gestion des risques** : identification, évaluation et traitement des menaces pesant sur les informations.

- **Mise en œuvre de contrôles** : catalogue de mesures (contrôles d'accès, cryptographie, sauvegardes, etc.)
  Décrites plus en détail dans l'iso/IEC 27002.

- **Audit et revues de direction** : vérification interne et externe régulière pour s'assurer que le système reste efficace et conforme.

En cherchant la certification ISO/IEC 27001, une entité démontre qu'elle s'engage à respecter un niveau de sécurité élevé, et qu'elle a formalisé tous ses processus en matière de gestion des risques.

Cette démarche contribue grandement à la gouvernance des données, puisqu'elle couvre tous les flux, documents, bases et applications manipulant des informations sensibles.

2.3. Autres normes pertinentes

D'autres référentiels ont un impact non négligeable sur la gouvernance. Citons par exemple :

- **ISO 9001** : axé sur la qualité de manière générale, ce standard peut aussi s'appliquer à l'amélioration des processus liés au cycle de vie de l'information.

- **ISO/IEC 38505** : relatif à la gouvernance de la gestion des données, il offre un ensemble de principes pour s'assurer que les initiatives liées à l'information sont alignées avec les objectifs de l'organisation.

- **COBIT** (Control Objectives for Information and Related Technologies) : conçu par l'ISACA, il se concentre sur la gouvernance et la gestion des systèmes d'information, couvrant l'alignement stratégique, la gestion des risques, la mise en place de politiques, etc.

- **ITIL** (Information Technology Infrastructure Library) : focalisé sur la gestion des services informatiques, il propose des processus standardisés pour gérer les incidents, la configuration, la capacité, etc., ce qui influence indirectement la gouvernance.

Chacun de ces référentiels apporte son lot de concepts et de bonnes pratiques qui, s'ils sont adoptés et adaptés à la structure, peuvent grandement soutenir la mise en place d'un pilotage cohérent.

2.4. Bénéfices et limites de la normalisation

Le recours à des standards offre plusieurs avantages :

- **Langage commun** : Les équipes, parfois dispersées géographiquement ou fonctionnellement, peuvent se référer à une terminologie et à des procédures partagées.

- **Transparence vis-à-vis des partenaires** : Une certification ou un alignement sur un standard reconnu rassure souvent les clients et les fournisseurs, qui savent à quoi s'attendre.

- **Amélioration continue** : Les systèmes de management normés prévoient des mécanismes de révision régulière, favorisant l'adaptation aux évolutions contextuelles.

Toutefois, la normalisation peut aussi présenter des inconvénients si elle est perçue comme purement administrative ou si elle est imposée de manière rigide sans prise en compte des spécificités.

Le risque est alors de voir les équipes appliquer les procédures de façon automatique, dans l'unique but de conserver la certification.

Il est donc recommandé d'accompagner la démarche d'un travail de sensibilisation et d'explication, pour que chacun comprenne la logique et y adhère.

3. Implications juridiques et éthiques

3.1. Responsabilité légale et sanctions

Les réglementations abordées précédemment (RGPD, CCPA, HIPAA, etc.) prévoient des sanctions pouvant aller de l'avertissement à la lourde amende, voire, dans certains cas, à des sanctions pénales.

Cela signifie que la non-conformité peut avoir des effets concrets sur la situation financière de l'entité, mais aussi sur l'image qu'elle projette à ses partenaires, ses clients et l'opinion publique.

Sur le plan de la gouvernance, l'existence de ce risque incite à dédier des ressources spécifiques à la conformité (équipes internes, collaborations avec des conseils juridiques ou des organismes spécialisés).

Par ailleurs, la responsabilité ne s'arrête pas nécessairement à la seule organisation : les cadres dirigeants, voire les responsables intermédiaires, peuvent être inquiétés s'il est prouvé qu'ils ont fait preuve de négligence ou qu'ils ont omis de mettre en place les mesures prévues par la loi.

C'est pourquoi la gouvernance comporte toujours un volet de sensibilisation et de formation, afin d'assurer que chacun connaît les règles et les applique.

3.2. Gestion des différends et litiges

La question des conflits ou litiges liés à l'usage des données est récurrente.

Des clients peuvent contester la manière dont leurs informations ont été traitées, des employés peuvent alléguer une violation de leurs droits, des partenaires peuvent se plaindre d'un non-respect des clauses contractuelles.

Dans la perspective d'une organisation qui cherche à éviter ou à résoudre rapidement ces différends, la gouvernance aide grandement.

La formalisation des politiques, la tenue de registres détaillés sur les opérations de traitement, et la traçabilité permettent de justifier la légitimité des choix.

De plus, le fait d'avoir un référent clairement désigné (Data Protection Officer, Chief Data Officer, etc.) facilite la communication et la réponse aux demandes ou réclamations.

L'absence d'un tel dispositif renforce le risque de confusion interne, de délais trop longs ou de décisions contradictoires, ce qui peut envenimer un litige au lieu de l'apaiser.

3.3. Respect des principes éthiques

Au-delà du cadre légal, il existe une dimension éthique qui ne saurait être négligée.

Les réglementations définissent un plancher minimal de respect des droits, mais les attentes de la société en matière de transparence, de loyauté ou de non-discrimination vont parfois plus loin.

Les projets d'intelligence artificielle, par exemple, sont régulièrement questionnés sur leur propension à reproduire des biais, ou à analyser des données sensibles sans consentement explicite.

Les organismes qui souhaitent bâtir une relation de confiance durable avec leurs utilisateurs peuvent donc adopter volontairement des règles plus exigeantes, afin de se démarquer de concurrents moins soucieux.

Cette préoccupation éthique se traduit souvent par la création de chartes internes, l'intervention de comités éthiques, ou la réalisation d'études d'impact spécifiques pour évaluer les conséquences sociétales d'un traitement.

Les personnes en charge de la gouvernance doivent alors intégrer ces considérations dans leur dispositif, veiller à la mise en œuvre de procédures équitables, et répondre aux interrogations des parties prenantes (collaborateurs, clients, régulateurs, médias, etc.).

3.4. Convergence entre l'éthique et la performance à long terme

Soucieux de rentabilité immédiate, certains dirigeants peuvent redouter qu'une approche stricte (voire exigeante) en matière de conformité ou d'éthique freine l'innovation ou la compétitivité.

Pourtant, de nombreuses études tendent à démontrer que les pratiques responsables suscitent la fidélité des clients, attirent des investisseurs et préservent l'entreprise des crises médiatiques.

Les organismes qui agissent de façon proactive sur ces plans sont souvent mieux armés pour affronter les aléas législatifs ou les évolutions rapides du marché.

Sur le long terme, la réputation se construit aussi sur la manière dont l'entité traite les personnes et leurs données.

Les fuites massives, la vente non autorisée ou la mauvaise gestion d'informations sensibles provoquent des atteintes à la réputation susceptibles d'impacter lourdement l'avenir.

Inversement, un organisme réputé pour son sérieux en matière de protection bénéficie d'un avantage en **termes d'image et de confiance**, ce qui peut se traduire par de nouveaux contrats, une meilleure attractivité des talents et une résilience accrue face aux crises.

Conclusion du chapitre 2

Le cadre réglementaire et normatif, tel qu'il s'est déployé depuis quelques années, constitue désormais un pilier incontournable pour toute démarche de gouvernance des données. Les lois comme le RGPD, le CCPA ou d'autres textes nationaux et sectoriels imposent des exigences pointues pour garantir la confidentialité et la sécurité des informations, ainsi que le respect des droits fondamentaux des individus.

Le non-respect de ces obligations expose l'organisation à des sanctions potentiellement lourdes, tant financières que réputationnelles, incitant ainsi les dirigeants à mettre en place des dispositifs cohérents de pilotage et de contrôle.

En parallèle, les normes et standards internationaux (ISO, IEC, etc.) Proposent des outils précieux pour structurer la gestion de la sécurité, de la qualité et de la conformité.

S'appuyer sur un cadre reconnu, accompagné d'une démarche de certification ou d'auto-évaluation, facilite l'implémentation de bonnes pratiques et contribue à harmoniser les méthodes entre différents départements ou entités réparties dans plusieurs pays.

Enfin, ce chapitre a souligné la dimension éthique et juridique de la gouvernance.

Respecter la loi ne suffit pas toujours à répondre aux attentes de la société, notamment dans un contexte où l'intelligence artificielle et les traitements algorithmiques avancés suscitent de nombreuses interrogations.

Les responsables de la gouvernance sont donc amenés à conjuguer conformité, efficience et considérations morales, afin de développer un dispositif qui offre à la fois une protection sérieuse et une approche humaine et responsable de l'usage de l'information.

Les sections suivantes de l'ouvrage aborderont la construction pratique d'un programme de gouvernance et la manière de définir une vision, des objectifs, des rôles et des mécanismes adaptés à chaque structure.

Ceci impliquera de voir comment intégrer ces réglementations et normes dans la vie quotidienne de l'entreprise, en veillant à embarquer tous les collaborateurs dans une dynamique de respect et de valorisation des données.

En effet, le cadre légal et normatif, s'il peut paraître contraignant, est aussi un catalyseur de bonnes pratiques et d'innovations, pour peu qu'il soit mis en œuvre avec intelligence et rigueur.

Partie II : Élaboration d'un programme de gouvernance

Chapitre 3 : Stratégie et planification

Les premières sections de cet ouvrage ont posé les bases conceptuelles de la gouvernance de l'information et ont souligné l'impact du cadre légal et normatif.

Il s'agit désormais d'entrer dans le vif du sujet en explorant la manière dont une organisation peut concevoir et formaliser une stratégie.

Cette étape revêt une importance particulière : en l'absence d'une vision claire et d'objectifs bien définis, les efforts de gouvernance risquent de se disperser et de donner des résultats limités.

Le chapitre qui suit détaille la démarche à suivre pour construire une orientation précise, l'intégrer à la stratégie générale de l'organisation, identifier des indicateurs de performance et préparer un plan permettant de diminuer les risques associés à la manipulation de l'information.

1. Définition de la vision et des objectifs

1.1. Pourquoi une vision est nécessaire

À l'instar de tout projet d'envergure, la mise en place d'une gouvernance suppose un point de départ clair : la vision.

Il s'agit d'une énonciation qui décrit la finalité souhaitée et les grands principes qui vont guider l'évolution du dispositif.

Lorsque cette vision est absente ou mal exprimée, les intervenants peinent à saisir la cohérence de leurs actions.

Ils peuvent alors se retrouver à poursuivre des buts différents, engendrant des rivalités ou un gaspillage de ressources.

Inversement, une vision partagée au plus haut niveau (direction, comités de pilotage) fournit un repère solide, un fil conducteur autour duquel les politiques, les processus et les outils s'articulent.

Par exemple, une entreprise peut formuler sa vision de la manière suivante : « Devenir une organisation où l'information est gérée de manière responsable, sécurisée et orientée vers la création de valeur pour nos collaborateurs, nos clients et nos partenaires. »

Cette phrase succincte, mais explicite, souligne l'idée de responsabilité, de sécurité et de valorisation.

Elle permet de situer l'initiative de gouvernance dans la perspective plus large de la compétitivité et de la satisfaction des acteurs internes et externes.

1.2. Lien avec la culture interne

La vision doit être en harmonie avec la culture de l'entité, c'est-à-dire son identité, ses valeurs et ses modes de fonctionnement.

Ainsi, si l'organisation valorise déjà la transparence et la collaboration, le projet de gouvernance devra mettre en avant ces deux concepts dans sa vision.

À l'inverse, dans un environnement très hiérarchisé ou fortement réglementé, la formulation pourra insister sur la nécessité de maîtriser rigoureusement les accès, de structurer les processus et d'éviter la diffusion incontrôlée.

Cette adéquation avec la culture existante facilite l'adhésion des équipes, car elles reconnaissent dans la vision des éléments familiers plutôt que de la percevoir comme un objectif imposé de l'extérieur.

1.3. Définition et hiérarchisation des objectifs

Une fois la vision clarifiée, il convient de la traduire en objectifs mesurables.

Ces objectifs détaillent les intentions de manière plus opérationnelle. Ils peuvent concerner :

- **La *qualité de l'information*** : viser un pourcentage déterminé de fiabilité ou diminuer la proportion d'erreurs constatées dans les systèmes.

- **La *sécurité*** : renforcer la protection en réduisant le nombre d'incidents, mettre en place des mécanismes de traçabilité plus complets, accroître le niveau d'audit sur certains flux sensibles.

- **La *valorisation et l'usage des données*** : augmenter la part de décisions guidées par l'analyse, accélérer le partage contrôlé entre départements ou développer de nouvelles offres fondées sur des informations enrichies.

- **La *conformité*** : se mettre en accord avec une réglementation précise (RGPD, CCPA, etc.), atteindre une certification (ISO 27001, par exemple), ou satisfaire aux exigences d'un secteur donné (banque, santé, etc.).

Chaque objectif doit posséder des indicateurs ou métriques, de sorte qu'on puisse vérifier sa progression.

Il est recommandé de formuler des objectifs limités en nombre, réalisables dans un horizon cohérent (souvent annuel ou pluriannuel) et suffisamment précis pour que toutes les unités de l'organisation comprennent ce qu'elles ont à accomplir.

L'un des principes fondamentaux consiste à trouver un équilibre entre ambition et réalisme : définir des cibles trop élevées peut engendrer de la démotivation, tandis que des objectifs trop modestes risquent de freiner l'évolution.

2. Alignement avec la stratégie globale de l'entreprise

2.1. Éviter l'isolement du programme de gouvernance

La réussite d'une initiative liée à la gouvernance passe par son intégration harmonieuse avec les autres orientations stratégiques de l'entité.

Si l'on conçoit la gouvernance de l'information comme un « projet à part », totalement détaché des priorités de la direction, on risque de perdre un soutien décisif.

De plus, le risque de redondance ou de contradiction entre différents projets augmente lorsque les initiatives ne sont pas coordonnées.

Par exemple, un plan de transformation digitale souhaitant encourager la mise en commun de données et un autre visant la sécurisation extrême peuvent créer des tensions si les objectifs n'ont pas été arbitrés en amont.

Pour éviter cet écueil, il est conseillé de présenter le projet de gouvernance comme une composante de la stratégie centrale.

Qu'il s'agisse d'une volonté d'expansion à l'international, de l'acquisition de nouvelles filiales, de la mise en place de services novateurs ou d'une rationalisation des coûts, la gouvernance a toujours un rôle à jouer.

Il suffit de mettre en avant la manière dont la qualité, la sécurité ou la conformité de l'information va soutenir, de façon concrète, ces ambitions.

Cette approche favorise la synergie entre le dispositif de gouvernance et les autres programmes majeurs (transformation digitale, marketing de précision, intégration post-fusion, etc.).

2.2. Impliquer les parties prenantes internes

L'alignement avec la stratégie globale implique nécessairement de dialoguer avec les différentes parties prenantes : direction générale, directions métier, équipes informatiques, juristes, responsables de la conformité et ainsi de suite.

Chacun possède une vision particulière de la situation et des besoins à court, moyen et long terme.

Intégrer ces points de vue en amont permet d'éviter les frustrations et les résistances qui apparaissent quand un plan est imposé sans concertation.

En pratique, il peut être judicieux d'organiser des ateliers ou des comités de pilotage élargis.

Ces moments d'échange visent à identifier les convergences et les divergences, puis à établir un consensus sur la manière dont la gouvernance sera déployée.

Les directions métier peuvent ainsi exprimer leurs impératifs (par exemple, la nécessité d'accéder rapidement à certaines informations pour innover), tandis que la DSI rappelle les exigences techniques ou les contraintes liées aux systèmes en place, et que le service juridique insiste sur la conformité réglementaire.

Le pilotage de la gouvernance devient alors un projet transversal, légitimé par toutes les composantes de l'organisation.

2.3. Cohérence avec les initiatives existantes

Souvent, la gouvernance des données n'est pas la première démarche à dimension organisationnelle lancée dans l'entreprise.

On trouve parfois un programme de gestion de la qualité, un plan de sécurité de l'information ou une organisation orientée vers la maîtrise de projets.

Il est essentiel d'analyser l'existant pour détecter les chevauchements ou les complémentarités.

Par exemple, si l'entreprise a déjà mis en place une démarche ISO/IEC 27001, cela peut servir de socle pour certains volets sécuritaires.

Si un dispositif de gestion de la qualité ISO 9001 est actif, il peut être adapté ou étendu à l'information de façon ciblée.

Plutôt que de repartir de zéro ou de multiplier les dispositifs parallèles, on gagne en efficacité et en clarté en bâtissant sur ce qui est déjà en place, lorsque c'est possible.

De même, il faut veiller à la compatibilité des outils.

Des progiciels de type ERP, CRM ou BI peuvent déjà exister.

Dans ce cas, la gouvernance doit s'intégrer sans friction dans la cartographie applicative, afin de rendre les efforts cohérents.

Un audit initial ou un diagnostic de maturité peut aider à identifier les systèmes en présence et à voir comment ils communiquent, quels sont leurs points forts et faibles.

Sur la base de cette analyse, on pourra déterminer les priorités d'évolution en accord avec la stratégie globale.

3. Identification des indicateurs de performance (KPI)

3.1. Le rôle décisif des métriques

Lorsqu'on parle de stratégie, il est indispensable de penser aux moyens de mesurer le chemin parcouru.

Les indicateurs de performance, souvent nommés KPI (Key Performance Indicators), permettent de suivre l'avancement, d'identifier les écarts et d'ajuster le plan si nécessaire.

Sans ces instruments, on risque de piloter à l'aveugle ou de ne se fier qu'à des impressions subjectives.

Les métriques ont pour vocation d'objectiver la situation et de faciliter les décisions documentées.

3.2. Sélectionner des indicateurs pertinents

La principale difficulté réside dans le choix des bons indicateurs, c'est-à-dire ceux qui reflètent réellement la progression vers les objectifs.

Plusieurs catégories d'indicateurs peuvent être retenues :

1. **Qualité de l'information** : Taux d'erreurs détectées dans le système, proportion de doublons, niveau de cohérence entre différentes bases, pourcentage de données complètes.

2. **Sécurité et conformité** : Nombre d'incidents liés à l'intégrité ou à la confidentialité, temps moyen de réaction à un incident, pourcentage d'utilisateurs formés aux règles, fréquence des audits réalisés, respect des délais de réponse aux demandes d'effacement (dans le cadre du RGPD, par exemple).

3. **Usage et valorisation** : Fréquence d'utilisation de certains référentiels, nombre de projets d'analyse de l'information en cours, part de la prise de décision appuyée sur des rapports de Business Intelligence, volume de données effectivement exploité dans des scénarios métier.

4. **Implication des équipes** : Taux de participation aux formations, mesure de la satisfaction des collaborateurs quant aux processus de gouvernance, sentiment d'appropriation des rôles et responsabilités.

Il est préférable de sélectionner un nombre limité d'indicateurs pertinents, plutôt que de vouloir tout mesurer en même temps.

Cela permet de se concentrer sur l'essentiel et de ne pas noyer les acteurs sous une multitude de statistiques.

Les responsables doivent également vérifier que les données nécessaires à la construction de ces indicateurs sont disponibles et fiables.

Sans une source d'information adéquate, l'indicateur reste purement théorique.

3.3. Fréquence et modalités de suivi

Les indicateurs doivent être suivis à une fréquence cohérente avec la vitesse à laquelle évoluent les processus.

Certains KPIs peuvent être évalués mensuellement, d'autres de façon trimestrielle ou semestrielle.

Il est également essentiel de formaliser la manière dont ces métriques seront communiquées.

Des tableaux de bord, des rapports partagés aux comités de pilotage, des alertes envoyées aux équipes en cas de dépassement de seuil...

Les canaux de diffusion doivent être adaptés à l'audience visée.

Le but n'est pas seulement de produire des chiffres, mais de provoquer des analyses et des décisions.

Si un indicateur révèle une dégradation de la qualité des données dans une zone précise, il faut comprendre la raison :

- S'agit-il d'un nouveau système mal intégré ?
- D'une équipe insuffisamment formée ?
- D'un manque de ressources ?

La mise en place d'un plan correctif est alors fondamentale pour que le suivi des indicateurs conduise à des améliorations concrètes.

4. Étude des risques et élaboration d'un plan de mitigation

4.1. L'importance de la gestion des menaces

Toute initiative stratégique autour de l'information doit intégrer une analyse systématique des menaces.

Dans un contexte où les cyberattaques se multiplient, où la conformité devient de plus en plus exigeante et où les enjeux économiques sont considérables, la direction ne peut se permettre d'ignorer les scénarios qui pourraient compromettre la réussite du dispositif.

Les risques liés à la gouvernance englobent des aspects variés : atteinte à la confidentialité, corruption ou perte de l'information, inexactitudes entraînant de mauvaises décisions, non-respect des lois, etc.

En réalisant une étude de ces menaces, l'entité identifie les éléments les plus critiques, évalue la probabilité qu'ils surviennent et apprécie l'ampleur de leurs conséquences potentielles.

On aboutit alors à une cartographie des risques, permettant de hiérarchiser les plus pressants ou les plus menaçants.

C'est une étape qui fait souvent suite à l'analyse de la maturité de l'organisation en matière de gouvernance et de sécurité.

4.2. Méthodes et outils d'analyse

Il existe diverses approches pour conduire une analyse rigoureuse des risques.

Certaines entreprises se servent de méthodes préexistantes comme EBIOS (souvent utilisée en France), MEHARI ou OCTAVE, tandis que d'autres développent leur propre grille interne.

Dans tous les cas, on définit généralement :

1. **Le périmètre d'analyse** :
   Quel ensemble d'informations, d'applications, de processus est concerné ?
   Quelles sont les failles connues ?
   Quels sont les résultats des derniers audits ?

2. **Les scénarios de menaces** :
   Que se passerait-il en cas d'attaque extérieure ?
   De négligence interne ?
   De catastrophes naturelles ou techniques ?

3. **La probabilité et l'impact** :
   Quelle est la fréquence estimée de survenue ?
   Quelles en seraient les conséquences sur la production, la crédibilité, la situation financière ?

4. **Le niveau de criticité** : On obtient souvent une matrice classant les menaces selon leur priorité.

Cette phase, quoique parfois complexe et chronophage, est indispensable pour éclairer les priorités.

En effet, sans connaissance précise des dangers, on risque de disperser ses moyens ou de porter l'accent sur des aspects qui, en réalité, ne constituent pas la menace la plus pressante.

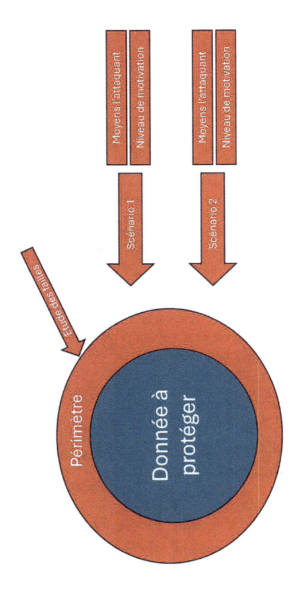

Fig. Analyse des risques

4.3. Élaboration d'un plan de mitigation

Une fois les risques répertoriés et évalués, la prochaine étape consiste à décider des mesures à mettre en place pour réduire leur probabilité ou leur impact, ou pour s'y préparer dans l'éventualité où ils surviendraient malgré tout.

On appelle ce document le *plan de mitigation*. Concrètement, il énumère :

- **Les actions préventives** : par exemple, renforcement des contrôles d'accès, mise à jour des infrastructures, adoption de pratiques de masquage ou de chiffrement, sensibilisation ciblée des collaborateurs.

- **Les actions de détection et de réaction** : implémenter des outils de surveillance en temps réel, instituer une procédure de réponse aux incidents, réaliser des exercices de simulation pour entraîner les équipes.

- **Les actions de rétablissement** : prévoir des sauvegardes, des redondances et des plans de continuité, afin de limiter les pertes et de permettre une reprise d'activité rapide.

Le plan doit préciser les responsables, les délais de mise en place, les ressources nécessaires et les critères de réussite.

Idéalement, il est validé au niveau d'un comité stratégique, car il peut exiger des investissements conséquents (recrutement, achat de solutions, etc.).

La gouvernance de l'information est ainsi placée sous l'angle d'une démarche proactive : on n'attend pas que l'incident survienne pour réagir, mais on agit en amont pour minimiser les conséquences.

4.4. Intégration du plan de mitigation dans la gouvernance globale

Le plan de mitigation ne doit pas rester un document isolé.

Il fait partie intégrante des processus définis pour la gouvernance et doit être revu périodiquement.

Les menaces évoluent, de nouvelles réglementations apparaissent, l'organisation elle-même se transforme (en fusionnant, en se diversifiant, etc.).

Il est donc nécessaire de réexaminer régulièrement la cartographie des risques et les mesures associées.

Cela peut se faire lors des réunions de comité de pilotage, par exemple, où les indicateurs de performance sont passés en revue, de même que l'état d'avancement des actions de prévention ou de remédiation.

Attention tout de même : une analyse de risque sans définition d'un plan de crise précis incluant les acteurs n'a aucun intérêt et reste un fichier perdu au milieu d'autres fichiers.

J'insiste également sur l'obligation de tester régulièrement ce plan de crise : car sans tests, le plan de crise reste un fichier perdu au milieu d'autres fichiers.

Conclusion du chapitre 3

La stratégie et la planification constituent le socle sur lequel repose tout dispositif de gouvernance de l'information.

Les éléments abordés dans ces pages montrent qu'il ne suffit pas d'appliquer quelques règles ou d'installer des outils pour maîtriser ses données : il faut d'abord bâtir une vision inspirante, aligner les objectifs avec la stratégie générale, et se doter de moyens concrets pour mesurer l'avancée et prévenir les risques.

En commençant par la définition de la vision et des objectifs, l'organisation clarifie l'orientation de ses efforts : l'accent peut être mis sur la qualité, la sécurité, la valorisation, la conformité, ou sur un mélange de ces dimensions, selon la finalité envisagée.

Vient ensuite l'étape de l'alignement avec la stratégie globale, qui garantit que la gouvernance ne se développe pas en vase clos, mais soutient pleinement les grands projets et les ambitions de l'entité.

L'identification des indicateurs de performance donne un cadre factuel pour suivre la progression, en mettant en lumière ce qui fonctionne et ce qui doit être amélioré.

Enfin, la prise en compte méthodique des risques, appuyée par un plan de mitigation solide, renforce la résilience de la gouvernance, en offrant une préparation contre les scénarios potentiels de défaillance, de non-conformité ou de cyberattaque.

Le prochain chapitre abordera l'organisation et les rôles, en mettant en avant la manière dont les différents acteurs s'articulent autour de cette stratégie.

Nous verrons que la meilleure feuille de route du monde ne peut porter ses fruits sans une répartition claire des tâches, un niveau d'implication suffisant des équipes et une culture interne apte à s'approprier les principes de la gouvernance.

Le lecteur disposera alors d'une vision plus globale : de la réflexion stratégique à la gestion des ressources humaines et culturelles, l'ensemble formant un dispositif cohérent.

Chapitre 4 : Organisation et rôles

Les chapitres précédents ont abordé la définition de la gouvernance, son cadre légal et sa dimension stratégique.

Ils ont aussi souligné la nécessité d'identifier clairement les objectifs poursuivis et les indicateurs permettant de mesurer l'avancée du dispositif.

Le présent chapitre s'attache à un aspect fondamental : la mise en place d'une organisation efficace et la répartition des rôles au sein du dispositif de gouvernance.

En effet, même la meilleure feuille de route ne saurait porter ses fruits sans une équipe structurée, des responsabilités bien établies et une culture d'entreprise propice à l'exploitation intelligente de l'information.

Nous verrons d'abord comment les rôles de Data Owner, Data Steward ou Chief Data Officer (CDO) s'insèrent dans une architecture de pilotage adaptée, puis nous approfondirons la question de la culture axée sur la donnée, en examinant les actions de sensibilisation et de formation qui soutiennent l'adhésion du personnel.

1. Structure de gouvernance

1.1. Data Owners, Data Stewards / Data Managers, Chief Data Officer (CDO)

1.1.1. Data Owners

Dans le dispositif de gouvernance, la notion de *Data Owner* repose sur l'idée selon laquelle certaines personnes ou entités détiennent la responsabilité de catégories spécifiques d'informations.

Souvent, il s'agit d'un responsable métier disposant d'une expertise dans un domaine de l'entreprise (finance, marketing, ressources humaines, logistique, etc.).

On lui confie la supervision d'un ensemble d'informations qu'il connaît en profondeur, et dont il peut définir les usages légitimes, les règles d'accès, la sensibilité ou encore le niveau de qualité attendu.

La désignation d'un Data Owner ne se réduit pas à un simple intitulé hiérarchique : elle implique d'accorder à cette personne un véritable pouvoir de décision, tout en l'astreignant à rendre compte de l'état et de l'exploitation des informations sous sa garde.

Parmi ses missions, on trouve généralement :

- **Définir la finalité** : le Data Owner précise l'usage principal des données, indique à quels processus métier elles sont associées et quels indicateurs elles peuvent alimenter.

- **Orienter la gouvernance** : il participe à l'élaboration ou à la validation des politiques, notamment en matière de sécurité et de qualité.

- **Arbitrer** : en cas de conflit sur l'utilisation d'un jeu d'informations, c'est lui qui tranche, dans la limite des politiques générales.

- **Vérifier la conformité** : il s'assure que les règles légales ou sectorielles sont respectées (protection de la vie privée, conservation, destruction, etc.).

*Le choix des **Data Owners** dépend souvent de la cartographie de l'information.*

Chaque domaine (référentiel client, catalogue produit, dossiers de personnel, etc.) sera confié à un acteur suffisamment légitime pour prendre des décisions pertinentes.

Son rôle, qui peut être vu comme un poste de « propriétaire fonctionnel », se distingue généralement de celui, plus technique, du Data Steward / Data manager.

1.1.2. Data Stewards / Data Managers

Les *Data Stewards* ou parfois appelés *Data Managers* constituent le relais opérationnel de la gouvernance, en particulier pour les aspects de qualité, de cohérence et de cohésion entre différents systèmes.

Là où le Data Owner pilote la finalité et l'orientation globale, le Data Steward veille au quotidien à l'intégrité et à la fiabilité des informations :

- **Mise en application des règles** : il s'assure que les consignes de classification, de nettoyage ou de contrôle sont convenablement exécutées.

- **Résolution des anomalies** : si des incohérences ou des erreurs sont détectées (doublons, valeurs manquantes, etc.), c'est souvent à lui de coordonner les corrections ou de déclencher les actions adéquates.

- **Documentation et métadonnées** : il contribue à tenir à jour les définitions, le glossaire, les tables de référence et l'historique des transformations appliquées aux données.

- **Interaction avec les équipes techniques** : dans certains cas, il valide les demandes d'évolution, teste les modifications et collecte les retours des utilisateurs pour faire évoluer les processus.

Solve DSI

Le Data Steward opère ainsi comme un garant du bon fonctionnement du dispositif.

Son travail implique une étroite collaboration avec les autres services (IT, sécurité, juridique, métiers), de manière à ce que les règles de gouvernance se traduisent par des pratiques concrètes, cohérentes et pérennes.

Plusieurs Data Stewards ou Data Managers peuvent exister dans l'entreprise, chacun étant spécialisé sur un périmètre distinct (par exemple, un steward ou manager pour les données clients, un autre pour les données internes liées à la production, etc.).

1.1.3. Chief Data Officer (CDO)

Apparu depuis quelques années, le *Chief Data Officer* occupe une place de plus en plus visible dans les organigrammes.

Son rôle consiste à porter la vision globale de la gouvernance au plus haut niveau.

Contrairement au Data Owner, qui est focalisé sur un domaine précis, le CDO dispose d'une vue d'ensemble. Ses responsabilités incluent :

- **Élaboration et pilotage de la stratégie data** : il valide ou conçoit la vision d'ensemble, s'assure de son alignement sur la stratégie de l'entreprise et définit les priorités des différents chantiers.

- **Coordination inter-services** : il agit comme un facilitateur, en traitant les éventuels conflits entre métiers, en arbitrant les projets, et en veillant à la bonne répartition des ressources.

- **Collaboration avec la direction générale** : il fait valoir la valeur ajoutée de l'information auprès des dirigeants, obtient les budgets nécessaires et communique sur les avancées du programme.

- **Suivi de la conformité** : il s'assure que l'organisation respecte les lois et règlements applicables, en partenariat avec le responsable juridique ou le Data Protection Officer quand il existe.

- **Pilotage de l'innovation liée aux données** : le CDO peut également encourager l'émergence de nouveaux usages : data science, intelligence artificielle, monétisation de certains jeux d'information, etc.

La place du CDO varie selon les entités.

Dans certaines organisations, il est rattaché directement à la direction générale (banques par exemple), dans d'autres, il dépend du directeur du système d'information ou d'une autre fonction stratégique (directeur financier, directeur de l'audit interne, etc.).

Quelle que soit la configuration, son influence et sa légitimité reposent sur une reconnaissance transversale.

Il doit être capable de fédérer les différents rôles évoqués ci-dessus, tout en restant à l'écoute des besoins opérationnels.

1.2. Comités de pilotage et niveaux de décision

1.2.1. Comité de gouvernance

Au sommet de la pyramide, on trouve souvent un comité de gouvernance chargé de définir les grandes orientations, de valider les politiques, d'approuver les budgets et de suivre les projets majeurs.

Ce comité réunit généralement les directeurs métiers, le CDO, éventuellement le responsable de la conformité ou le directeur juridique, ainsi que des représentants de la DSI.

Il peut se réunir sur une base trimestrielle, semestrielle ou annuelle, selon la dynamique de l'organisation.

Son objectif est de veiller à ce que la gouvernance de l'information reste alignée sur la stratégie globale.

Il examine les indicateurs de performance (KPI), discute des risques, et décide d'éventuels ajustements.

C'est également lors de ces séances que sont entérinées les résolutions touchant à la répartition des ressources : investissement dans de nouveaux outils, lancement de chantiers d'intégration ou de migration, mise à niveau des compétences, etc.

1.2.2. Comités opérationnels

En dessous du comité de gouvernance, on peut mettre en place des comités opérationnels ou des groupes de travail plus spécialisés.

Ceux-ci s'attachent à l'application concrète des décisions prises en haut lieu et se concentrent sur la coordination des initiatives, la résolution de problèmes pratiques et la remontée d'informations vers le niveau supérieur.

On y trouve souvent des Data Stewards ou Data Managers, des chefs de projet, des représentants des métiers et des équipes informatiques.

Les échanges y sont plus techniques et plus rapprochés dans le temps (mensuels, voire hebdomadaires).

L'une des missions principales de ces comités est d'établir ou de mettre à jour des procédures et des processus.

Par exemple, ils peuvent définir les règles de nommage dans la base de données clients, valider une procédure de détection et de correction des doublons, prioriser la création de rapports pour le marketing, etc.

Ils peuvent aussi régler des conflits d'intérêt entre deux départements lorsque ceux-ci ont des visions divergentes sur l'utilisation de certains champs ou la distribution de rôles.

1.2.3. Niveaux de décision et escalade

Il est primordial de clarifier qui décide de quoi, afin d'éviter les arbitrages interminables.

Voici un schéma généralement observé :

- **Niveau stratégique** (Comité de gouvernance, direction générale, CDO) : décide des grandes lignes, des budgets, de la politique globale, des programmes majeurs.

- **Niveau tactique ou opérationnel** (Comités de pilotage technique, Data Owners, équipes projets) : gère la déclinaison concrète, tranche les difficultés de mise en place, coordonne les aspects transversaux.

- **Niveau exécution** (Data Stewards ou Data Managers, opérationnels IT, opérationnels métiers) : applique les règles au jour le jour, signale les anomalies, propose des améliorations.

En cas de désaccord, le problème remonte au niveau immédiatement supérieur.

Si les acteurs d'un comité opérationnel ne parviennent pas à s'entendre, le sujet peut être présenté en comité de gouvernance, où un arbitrage final sera effectué.

L'existence de mécanismes d'escalade limite l'enlisement des discussions et offre un cadre clair pour régler les points sensibles.

2. Culture data-driven

Une répartition claire des rôles et la mise en place de comités structurés ne peuvent produire leurs effets si la culture interne ne valorise pas l'usage et la qualité des données.

En d'autres termes, il ne suffit pas de créer des fiches de fonction, il faut aussi convaincre les individus de la pertinence d'une approche orientée vers l'information, de la base jusqu'au sommet de l'organigramme.

C'est là qu'interviennent la sensibilisation, la formation et la promotion d'une communication transversale.

2.1. Sensibilisation et formation du personnel

2.1.1. Objectifs de la sensibilisation

La *sensibilisation* vise à faire comprendre, de manière générale, en quoi l'information est un actif essentiel de l'entreprise et pourquoi il est indispensable d'en prendre soin.

Il ne s'agit pas d'exiger que tous les collaborateurs deviennent des experts de la gouvernance, mais qu'ils perçoivent les enjeux majeurs : la protection des données sensibles, l'importance de la qualité, les conséquences d'une mauvaise utilisation, les risques d'atteinte à la réputation ou de sanctions légales, etc.

Cette sensibilisation se décline souvent sous la forme de sessions d'information, d'e-learnings, de messages internes ou de documents de référence.

L'enjeu est de faire évoluer les mentalités pour que chacun comprenne son rôle, même indirect, dans la préservation et la valorisation du patrimoine informationnel.

Un employé du service client, par exemple, doit être conscient de l'impact d'une saisie inexacte sur la satisfaction future des consommateurs, tandis qu'un manager doit saisir les retombées d'un usage responsable des données sur la confiance globale de l'organisation.

2.1.2. Formation pour les rôles spécialisés

En complément, certaines catégories de personnel requièrent des formations plus approfondies.

Les Data Stewards ou Data Managers, par exemple, doivent maîtriser la construction et l'exploitation des flux, les outils de vérification et de correction, ou encore les processus de suivi de la qualité.

Les Data Owners ou Data Managers ont besoin de comprendre les obligations légales, les principes de la sécurité, ainsi que les méthodes de classification et de gouvernance.

Les collaborateurs IT, quant à eux, doivent assimiler les bonnes pratiques de développement, de documentation et de sécurisation pour soutenir la gouvernance.

Des programmes de formation sur mesure peuvent être proposés, abordant les techniques de data management (SQL, ETL, data catalog, etc.), les référentiels normatifs, l'analyse de risques, ou encore la conduite du changement en environnement data-driven.

Les organismes de formation ou les consultants spécialisés proposent généralement des modules adaptables à chaque structure.

Il est également possible d'opter pour la création de cursus internes, animés par des personnes expérimentées en gouvernance.

L'important est de considérer la montée en compétences comme un investissement à long terme, et non comme une dépense ponctuelle.

2.1.3. Mise à jour régulière des connaissances

Étant donné l'évolution rapide des technologies, de la réglementation et des pratiques de marché, il est judicieux d'inscrire ces formations dans une démarche continue.

De nouvelles lois peuvent obliger l'entreprise à revoir ses processus, tandis que les avancées techniques (intelligence artificielle, apprentissage automatique, etc.) ouvrent des perspectives inédites sur l'exploitation des données.

La formation ne doit donc pas se limiter à une simple inauguration du projet de gouvernance : elle doit être actualisée, complétée et réévaluée en fonction des besoins.

Les méthodes de veille peuvent être multiples : conférences, webinaires, salons professionnels, plateformes d'apprentissage en ligne.

Les Data Stewards et Data Managers et le CDO peuvent se charger de synthétiser les informations et de les diffuser auprès des acteurs concernés, voire de créer des communautés de pratique internes où les personnes intéressées partagent leurs retours d'expérience et leurs découvertes.

2.2. Communication transversale et adhésion des équipes

2.2.1. Pourquoi la communication est essentielle

Le succès d'une gouvernance repose sur l'engagement de tous.

Il est donc indispensable de mettre en place des stratégies de communication transversales pour impliquer, informer et motiver l'ensemble du personnel.

Les meilleures politiques ou procédures de gouvernance tomberont vite à plat si les collaborateurs n'en saisissent pas la raison, ou s'ils ne connaissent pas les référents à contacter en cas de question.

Une communication transparente favorise un climat de confiance et encourage la remontée des problèmes, plutôt que de les voir enfouis dans le silence.

Cette communication doit prendre plusieurs formes :

- **Messages formels** : annonces de la direction, publications sur l'intranet, newsletters internes, comptes rendus de réunions.

- **Échanges informels** : ateliers, sessions de questions-réponses, cafés data (rencontres plus décontractées pour discuter de l'actualité et des projets).

- **Supports visuels et pédagogiques** : infographies, tutoriels vidéo, guides rapides, FAQ, etc.

La diversité des canaux permet de toucher différents profils et de maintenir un intérêt constant autour de la thématique.

Certains individus retiendront mieux les informations via des supports écrits, d'autres via des vidéos, d'autres encore préféreront des rencontres en présentiel pour poser leurs questions et débattre librement.

2.2.2. Faire émerger des ambassadeurs

Pour ancrer la gouvernance au quotidien, il est utile de s'appuyer sur des « ambassadeurs » ou « champions » à différents niveaux de la hiérarchie et dans les divers services.

Il s'agit de collaborateurs convaincus de la pertinence de la démarche, formés aux principes de la gouvernance et prêts à relayer les bonnes pratiques auprès de leurs collègues. Les ambassadeurs peuvent :

- Servir de points de contact pour répondre aux questions simples.

- Remonter rapidement les problèmes ou signaux faibles avant qu'ils ne deviennent critiques.

- Participer à l'animation de groupes de travail ou de forums internes.

- Encourager leurs collègues à se former, à documenter leurs actions et à respecter les consignes de qualité ou de sécurité.

Ces ambassadeurs ne remplacent pas les Data Stewards ou Data Managers, mais s'inscrivent dans une logique complémentaire : ils opèrent dans les équipes, au plus près de la réalité terrain.

Leur présence contribue à la diffusion des nouvelles pratiques et à la détection rapide des freins ou résistances.

Bien entendu, pour conserver leur motivation, ils doivent être reconnus et soutenus par la hiérarchie, voire bénéficier d'un aménagement de leur temps de travail pour remplir cette mission.

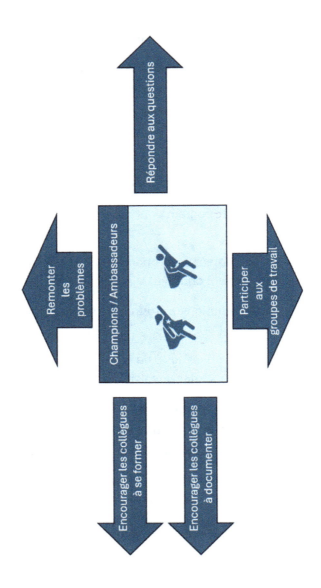

Fig. Champions / Ambassadeurs

2.2.3. Surmonter les résistances et les craintes

Dans tout projet de transformation, on observe inévitablement des réticences.

Certains collaborateurs peuvent percevoir la gouvernance comme une contrainte supplémentaire, ou craindre que l'accent mis sur la qualité et la sécurité ne ralentisse leur productivité.

D'autres peuvent redouter une plus grande surveillance ou un envahissement de la conformité dans leur activité.

Pour surmonter ces craintes :

- **Écoute et dialogue** : il est essentiel de permettre l'expression des inquiétudes, sans jugement.

  Les managers et le CDO doivent prendre le temps d'entendre les objections et de clarifier les malentendus.

- **Argumentation éclairée** : mettre en avant les bénéfices tangibles, comme la réduction des erreurs, la facilitation du travail quotidien, l'amélioration de la réputation ou l'accès à de nouveaux outils d'analyse.

- **Accompagnement progressif** : éviter de tout bouleverser du jour au lendemain.

  Il est préférable de mettre en place un calendrier d'évolution raisonnable, en laissant le temps d'apprivoiser les nouveaux processus.

- **Exemples de réussite** : présenter des retours positifs d'équipes qui ont déjà adopté ces pratiques, en soulignant les gains concrets.

Sur la durée, ces actions permettent de lever une partie des réticences et de transformer la gouvernance en une dynamique collective plutôt qu'en une contrainte imposée d'en haut.

Conclusion du Chapitre 4

La réussite d'un dispositif de gouvernance dépend en grande partie de l'organisation mise en place et de la manière dont les individus s'approprient leurs rôles.

La clarification des fonctions de Data Owner, Data Steward ou Data Manager et Chief Data Officer favorise la répartition des responsabilités, tandis que les comités de pilotage hiérarchisent les décisions et synchronisent les projets.

Ces structures assurent la solidité de l'architecture de gouvernance, mais elles ne peuvent porter leurs fruits sans un soutien actif de la base et du sommet.

En effet, la meilleure architecture organisationnelle se heurte rapidement à un mur si la culture interne ne valorise pas la circulation fiable de l'information, la qualité des enregistrements et la protection contre les usages inappropriés.

C'est pourquoi la deuxième partie de ce chapitre souligne à quel point la sensibilisation, la formation et la communication transversale sont vitales.

L'implication des équipes, la mise en avant de personnes référentes et la gestion adéquate des résistances transforment un ensemble de règles formelles en un véritable mouvement de progrès.

À ce stade, nous disposons désormais de repères pour saisir comment les responsabilités se répartissent au sein de la gouvernance et comment instaurer une dynamique collective, axée sur l'information.

Le prochain chapitre abordera de manière plus concrète les processus et politiques à mettre en place, ainsi que les technologies et outils nécessaires pour orchestrer l'ensemble.

Solve DSI

Nous verrons comment la mise en application de la gouvernance dans les pratiques courantes, soutenue par les solutions logicielles appropriées, contribue à faire évoluer l'organisation vers une meilleure exploitation de la donnée et une maîtrise renforcée des risques.

Partie III : Mise en œuvre opérationnelle

Chapitre 5 : Processus et politiques

Les sections précédentes ont abordé les notions fondamentales de la gouvernance de l'information, les exigences légales et normatives, l'élaboration d'une stratégie, puis la définition des rôles et la culture interne nécessaire au succès de la démarche.

À ce stade, il convient d'entrer dans la partie opérationnelle : la mise en place de politiques formelles et la structuration de processus concrets pour organiser l'ensemble du cycle de vie des données.

Dans ce chapitre, nous examinerons d'abord comment formuler des politiques de gestion (concernant la qualité, la protection ou encore la rétention).

Nous verrons ensuite comment établir des processus précis pour chacune des étapes (de la collecte à la suppression), avant de découvrir comment articuler le cycle de vie des données en vue de maîtriser la chaîne de valeur.

Enfin, nous explorerons les outils de suivi et de reporting qui permettent de mesurer l'efficacité de ces dispositifs et d'assurer l'amélioration continue.

1. Politiques de gestion des données (qualité, protection, rétention, etc.)

1.1. Finalité des politiques

Les *politiques de gestion des données* constituent un ensemble de règles, de principes directeurs et de consignes officielles destinées à encadrer l'usage, le contrôle et la préservation des informations.

Elles fournissent un référentiel cohérent, permettant à l'ensemble des acteurs de comprendre ce qui est attendu.

Par leur biais, l'organisation instaure une forme de discipline collective, nécessaire pour maintenir la cohérence et la fiabilité des activités liées à la gouvernance.

Ces politiques ne se limitent pas à un texte abstrait.

Elles doivent être suffisamment explicites pour guider les décisions courantes (par exemple, la durée de conservation pour certains types de documents, ou les mesures de cryptage obligatoires pour les informations sensibles).

Elles ont aussi pour but de réduire les risques juridiques et opérationnels, puisque les autorités et les partenaires pourront vérifier que l'organisation applique bien des règles conformes aux bonnes pratiques et aux normes en vigueur.

1.2. Qualité des données

La *qualité* se place parmi les sujets les plus discutés lorsqu'il est question de gouvernance.

Sans un minimum de précision, de cohérence et d'exactitude, les données perdent leur intérêt et induisent en erreur ceux qui les utilisent.

Les politiques afférentes à ce thème abordent en général :

- **Les critères de qualité** : exactitude, complétude, cohérence, actualité, accessibilité.

- **Les mécanismes de contrôle** : qui vérifie la conformité, à quelle fréquence et à l'aide de quels outils ?

- **La responsabilité** : en cas d'anomalie, qui est chargé de l'analyse et du correctif (Data Owner, Data Steward ou Data Manager, équipe métier, etc.) ?

- **Les sanctions éventuelles** : dans certaines organisations, si un processus n'est pas respecté ou si des informations essentielles sont volontairement négligées, il peut y avoir des conséquences sur la notation interne ou le budget alloué à un service.

En établissant une politique claire de gestion de la qualité, l'entreprise fixe un niveau d'exigence partagé et oriente les efforts quotidiens vers l'exactitude et la fiabilité.

De plus, cette approche rassure les partenaires qui collaborent avec l'organisation, car ils savent que des efforts constants sont menés pour maintenir un haut degré de qualité dans le référentiel.

1.3. Protection des informations

Dans un contexte où la cybercriminalité se professionnalise et où les sanctions légales se durcissent, la *protection* occupe une place primordiale. Elle concerne plusieurs dimensions :

- **Classification** : chaque type d'information doit être catégorisé en fonction de sa sensibilité et de son impact en cas de divulgation.

  Les politiques décrivent les différents niveaux (public, interne, confidentiel, etc.) Et les mesures associées.

  Dans ce cas, j'ai souvent constaté le manque de gestion de la méta donnée pourtant nécessaire à une classification simple.

- **Accès et autorisations** : la politique de sécurité indique qui peut consulter, modifier ou extraire les données, et selon quelles procédures d'authentification ou de traçabilité.

- **Techniques de sécurisation** : chiffrement, anonymisation, masquage, ou segmentation réseau pour isoler les environnements critiques.

- **Gestion des incidents** : plan de réaction, rôle des équipes en cas de faille ou d'intrusion, obligation de notification aux autorités ou aux personnes concernées (par exemple, selon le RGPD).

Une politique de protection solide ne signifie pas pour autant restreindre tous les accès de manière excessive.

Elle tente de trouver un équilibre entre la nécessité de collaboration (partage contrôlé de l'information) et la préservation de la confidentialité.

Son contenu doit être régulièrement mis à jour, car les menaces évoluent rapidement, de même que les technologies de sécurisation.

1.4. Rétention et archivage

La *rétention* consiste à déterminer pendant combien de temps les informations doivent être conservées et sous quelle forme.

Dans certains cas, la réglementation impose des durées minimales (papiers administratifs, documents comptables, données de santé, etc.).

Dans d'autres cas, c'est la politique interne qui fixe la période de conservation (informations marketing, courriels, sauvegardes intermédiaires, etc.).

Les raisons d'instaurer une rétention maîtrisée sont multiples :

- **Respect légal** : éviter les sanctions liées à la destruction prématurée de documents.

- **Rationalisation du stockage** : supprimer les éléments obsolètes permet de dégager de la capacité et de réduire les coûts, tout en limitant la surface d'attaque pour la sécurité.

- **Gestion de la preuve** : en cas de litige, pouvoir prouver qu'un document est authentique et qu'il a été conservé selon les règles peut s'avérer décisif.

En complément, l'archivage constitue un mécanisme pour stocker ces informations à long terme, souvent dans un environnement distinct, moins cher et plus sécurisé, avec des accès restreints.

Les politiques précisent alors les conditions de passage en archive, la durée de conservation, la procédure de consultation ou de restitution, ainsi que les responsabilités associées.

2. Établissement de processus clairs (collecte, utilisation, archivage, suppression)

2.1. Rôle des processus

Les politiques définissent le cadre global, mais c'est grâce aux *processus* que la gouvernance prend vie au quotidien.

Un processus décrit les étapes à suivre, les intervenants, les documents de référence et les contrôles à réaliser pour une action précise.

Par exemple, un processus d'intégration d'un nouveau fournisseur peut prévoir la collecte de certaines informations (numéro d'entreprise, documents juridiques, coordonnées bancaires), leur validation par un service financier, leur enregistrement dans une base spécifique, puis l'actualisation régulière de ces données.

Définir ces mécanismes permet de réduire le flou et d'obtenir une cohérence dans la manière dont les informations sont gérées.

Chacun sait ce qu'il doit faire, à quel moment et pourquoi.

Cela facilite également l'onboarding des nouveaux collaborateurs, qui peuvent se référer à des schémas ou à des check-lists établis.

2.2. Collecte : règles et bonnes pratiques

La *collecte* constitue souvent la première étape d'un processus, qu'il s'agisse de recueillir des informations auprès d'un client, d'un partenaire ou d'une source interne.

Les règles afférentes à cette collecte sont déterminantes :

- **Finalité déclarée** : si des renseignements sont récoltés auprès de personnes physiques, la loi exige souvent que leur usage soit clairement indiqué (par exemple, pour le marketing, la facturation, ou la fourniture d'un service).

- **Validation de la qualité** : un mécanisme doit exister pour vérifier que les champs requis sont correctement remplis, que les formats sont respectés, etc.

- **Contrôle du consentement** : lorsque la réglementation sur la protection de la vie privée s'applique, il est impératif d'obtenir l'accord explicite des individus, dans certains cas, et de prévoir un moyen pour retirer ce consentement.

- **Sécurisation immédiate** : dès l'instant de la collecte, des mesures techniques peuvent être instaurées (connexion HTTPS, cryptage, stockage provisoire dans une zone sécurisée).

Un processus qui néglige la collecte risque de générer, dès l'entrée dans le système, des données inexactes ou incomplètes, ce qui nuira à toutes les étapes ultérieures de la chaîne.

Par conséquent, prendre le temps de concevoir un dispositif robuste pour cette phase est un investissement précieux.

2.3. Utilisation et diffusion

Une fois que les informations sont enregistrées, elles font l'objet d'une *utilisation* par différents acteurs : exploitation analytique, création de rapports, support à la prise de décision, ou encore automatisation de tâches. Les processus associés veillent à ce que :

- **Les droits d'accès** soient respectés, grâce à des contrôles d'authentification et d'autorisation adaptés.

- **Les règles de modification** soient clairement établies (qui peut corriger ou enrichir les données ?
Quelles validations sont nécessaires ?).

- **La traçabilité** soit assurée, en conservant une historisation des opérations sensibles ou critiques (changement de statut d'un client, mise à jour d'un prix, etc.).

- **La conformité** aux politiques internes et aux contraintes légales soit garantie, par exemple en évitant que des données confidentielles soient transférées vers une zone moins sécurisée.

En parallèle, la diffusion se définit comme la communication de ces informations à l'extérieur (vers des partenaires ou des systèmes tiers).

Un processus adéquat décrit qui est autorisé à initier cette diffusion, sous quel format, avec quelles clauses contractuelles (accords de confidentialité, conditions d'utilisation, etc.), et dans quel périmètre technique (API sécurisées, transferts chiffrés).

Cette étape se trouve au carrefour entre l'ouverture nécessaire à la collaboration et la maîtrise des risques de fuite ou de vol.

2.4. Archivage et suppression

Arrivées au terme de leur utilité opérationnelle, certaines données doivent être *archivées* ou *supprimées*.

Cette phase, souvent négligée, constitue pourtant un élément essentiel de la gouvernance :

- **Archivage** : le passage en archive signifie que les informations ne sont plus nécessaires au quotidien, mais qu'elles conservent un intérêt historique, réglementaire ou juridique.

Un processus rigoureux définit les critères d'éligibilité, les formats d'archivage, la méthode de stockage (environnement dédié, support WORM – write once, read many –, etc.), et les conditions d'accès.

- **Suppression** : dans d'autres cas, la loi ou la stratégie interne impose d'éliminer définitivement les données :
Par exemple, au bout de X années, ou lorsque le client exerce son droit à l'oubli :
Dans de cas il faudra penser à l'anonymisation car impossible de supprimer des historiques d'achats par exemple sous peine de fausser les comptes).

Il faut s'assurer que la suppression est effective, y compris sur les sauvegardes et les copies intermédiaires (ceci peut être très complexe).

Cette action requiert des contrôles techniques (procédures d'effacement sécurisé) et administratifs (validation par un responsable).

La mise en place de processus clairs pour ces deux opérations limite la saturation des environnements de stockage, prévient les expositions inutiles et garantit la conformité aux règles en vigueur.

Les audits de gouvernance vérifient fréquemment la qualité de cette gestion en fin de cycle, car c'est souvent là que des vulnérabilités apparaissent (informations oubliées, copies dans des répertoires non supervisés, etc.).

3. Cycle de vie des données et maîtrise de la chaîne de valeur

3.1. Définition du cycle de vie

Le *cycle de vie* d'une donnée décrit l'ensemble des phases qu'elle traverse depuis sa création ou son obtention jusqu'à sa suppression ou son archivage.

On peut résumer ces étapes comme suit :

1. **Création ou acquisition** : la donnée est générée en interne ou collectée depuis une source externe.

2. **Stockage initial** : elle est placée dans un environnement approprié (base de données, plateforme d'intégration, etc.).

3. **Enrichissement et validation** : la donnée peut être complétée, recoupée avec d'autres éléments, contrôlée ou nettoyée.

4. **Exploitation** : elle sert à des applications métiers, des analyses, des services client, etc.

5. **Partage ou distribution** : dans certains cas, elle est transmise à d'autres entités, externes ou internes.

6. **Mise en archive ou suppression** : lorsque la donnée perd son intérêt opérationnel ou que les obligations de rétention sont arrivées à échéance, on décide de l'archiver ou de la détruire.

Chaque phase soulève des interrogations spécifiques de gouvernance :

- Quelles règles de sécurité ?
- Quels indicateurs de qualité ?
- Quel traitement réglementaire ?
- Qui est responsable de cette donnée ?

Ce schéma permet d'avoir une vision transversale et d'identifier les points faibles ou les redondances.

Par exemple, si l'on constate que la validation de la qualité n'a jamais lieu avant l'exploitation, on risque de propager des erreurs en aval.

3.2. Chaîne de valeur et interactions

Parler de *chaîne de valeur* revient à insister sur l'idée que la donnée peut avoir un impact direct sur la performance de l'organisation, si elle est correctement gérée à chaque stade.

L'information brute issue d'un capteur ou d'une transaction n'a pas forcément beaucoup de valeur tant qu'elle n'est pas contextualisée, recoupée et mise à disposition d'un processus métier.

En améliorant les étapes de nettoyage, de consolidation et d'analyse, on accroît la capacité de l'entreprise à prendre des décisions argumentées, à cibler plus efficacement sa clientèle, ou à créer des services inédits.

Les interactions entre départements sont au cœur de cette chaîne.

Les opérations de marketing peuvent avoir besoin de données issues du service client, qui doit lui-même s'appuyer sur des informations fournies par l'informatique ou par des applications externes.

Sans une gestion ordonnée du cycle de vie, on voit apparaître une fragmentation : chacun gère la donnée dans son coin, produisant des doublons, des divergences et des difficultés de réconciliation.

En revanche, lorsqu'un référentiel central ou un catalogue de métadonnées cohérent existe, on gagne en fluidité et en fiabilité.

3.3. Alignement sur la stratégie de gouvernance

La mise en place d'un cycle de vie bien défini n'est pas un but en soi.

Elle doit s'inscrire dans la stratégie générale de gouvernance, qui précise les priorités (qualité, innovation, réduction des coûts, etc.).

Par exemple, si la volonté principale de l'entreprise est de renforcer la conformité, les processus liés à la suppression et à l'archivage seront particulièrement surveillés.

Si la priorité est l'innovation via la science des données, alors la phase d'enrichissement et de validation devra être optimisée afin de fournir aux data scientists des jeux d'information de haute qualité.

Ainsi, le cycle de vie n'est pas figé : il doit pouvoir évoluer en fonction de l'environnement juridique, des objectifs organisationnels et de la maturité technique.

Les équipes responsables de la gouvernance, en particulier les Data Stewards ou Data Managers et le CDO, examinent régulièrement ces processus et proposent des ajustements pour que la chaîne de valeur reste alignée avec les évolutions du marché et les besoins internes.

DYNAMAP SI, le framework d'architecture d'entreprise

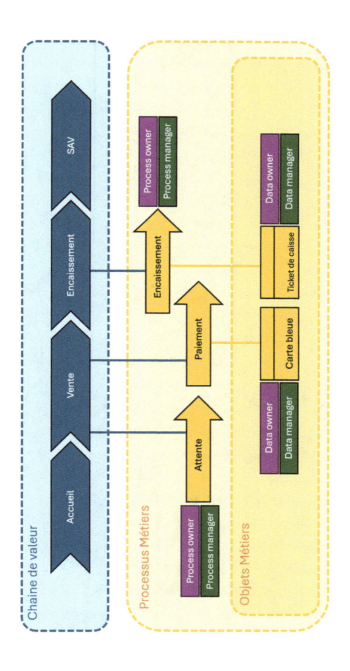

Fig. Alignement stratégique

DYNAMAP SI, le framework d'architecture d'entreprise

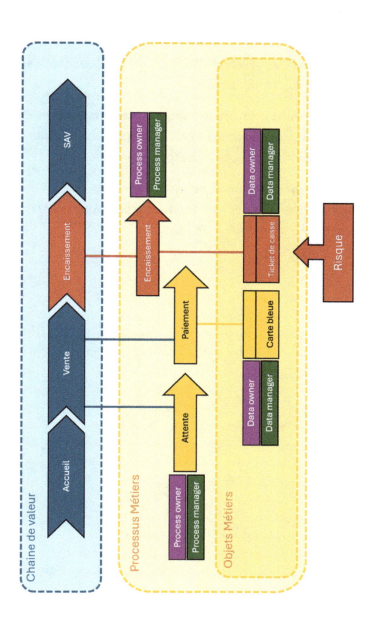

Fig. Impact stratégique

La représentation des objets métiers permet de relier les risques aux impacts sur la chaine de valeur.

Pour compléter nous pouvons indiquer l'impact en termes de chiffre d'affaires pour les entreprises privées, d'interruption de services pour les services publics etc ...

Notons également que la corruption, l'exfiltration ou l'indisponibilités de données techniques à un impact sur les objets données et donc sur la chaîne de valeur.

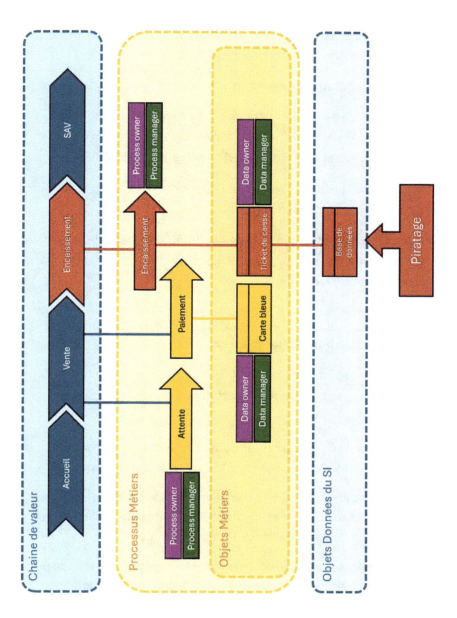

Fig. Impact base de données -> Chaine de valeur

4. Outils de suivi et de reporting

4.1. Nécessité d'une observation continue

Dès lors qu'il existe des politiques et des processus, il faut disposer d'un moyen de *suivre* leur mise en œuvre, de vérifier qu'ils sont appliqués correctement et de repérer les signaux de défaillance.

C'est l'objectif des outils de suivi et de reporting, qui fournissent une vue d'ensemble sur l'état de la gouvernance.

Sans ces instruments, on risque de piloter à l'aveugle et de ne découvrir les écarts que trop tard, lorsque les incidents se produisent déjà ou que les audits externes révèlent des anomalies.

4.2. Tableaux de bord et indicateurs

Les *tableaux de bord* (dashboards) sont couramment employés pour synthétiser les indicateurs pertinents. Ces indicateurs peuvent concerner :

- **La qualité** : taux d'erreurs, volume de doublons, proportion de champs vides, écarts détectés entre différentes sources.

- **La sécurité** : nombre d'incidents de type phishing détectés, tentatives d'accès non autorisées, alertes générées par les systèmes de surveillance, temps de réaction.

- **La conformité** : respect des durées de rétention, vitesse de traitement des demandes RGPD (accès, rectification, suppression), nombre d'exceptions validées.

- **La performance opérationnelle** : temps moyen de collecte, taux de réutilisation des informations, taux de satisfaction des utilisateurs métiers, avancement des projets data.

Ces indicateurs doivent être définis de manière rigoureuse pour éviter la dispersion.

Ils doivent être calculables (donc s'appuyer sur une source fiable), mis à jour à une fréquence adaptée et présentés de façon compréhensible pour les décideurs.

Certains seront destinés aux comités stratégiques (par exemple, un KPI de sécurité général), d'autres aux comités opérationnels (taux de rejets lors du nettoyage automatique, taux d'achèvement des formations internes, etc.).

4.3. Outils de data catalog, lineage et qualité

Au-delà des tableaux de bord, il existe des *logiciels spécialisés* qui aident à la gouvernance :

- **Data catalog** : il répertorie l'ensemble des jeux de données disponibles dans l'organisation, en décrivant leur contenu, leur propriétaire, leur niveau de sensibilité et leur usage principal.

  Les utilisateurs peuvent ainsi découvrir plus rapidement les informations dont ils ont besoin et comprendre comment y accéder.

- **Data lineage** : il permet de tracer le parcours de la donnée à travers les systèmes et les transformations subies (ETL, règles de nettoyage, etc.).

  En cas d'erreur ou de litige, on peut remonter à la source pour identifier l'origine du problème.

- **Logiciels de qualité** : certaines solutions automatisent le nettoyage (suppression de doublons, normalisation des champs), la comparaison de sources multiples ou l'analyse statistique pour repérer des anomalies.

Ces outils facilitent le reporting en fournissant des rapports prédéfinis ou personnalisables qui mettent en évidence les changements récents, les tendances ou les incidents survenus.

Ils s'intègrent souvent dans la plateforme technologique de l'organisation, en lien avec les bases de données, les systèmes de Big Data, ou les applications d'intelligence artificielle.

4.4. Périodes de revue et amélioration continue

Le reporting n'a de sens que s'il aboutit à des décisions et à des corrections.

Il est donc primordial de programmer des périodes de revue périodiques, pendant lesquelles les comités ou les équipes chargées de la gouvernance analysent les résultats, les écarts entre les objectifs et la réalité, ainsi que les retours de terrain.

Ces revues peuvent se dérouler mensuellement, trimestriellement ou semestriellement, selon la cadence des projets et l'importance stratégique du dispositif.

Au cours de ces échanges, on identifie :

- Les réussites à pérenniser (par exemple, une baisse notable du taux d'erreurs grâce à un nouveau module de validation).

- Les obstacles à lever (budget insuffisant, manque de compétences, configuration technique obsolète, résistance culturelle, etc.).

- Les pistes d'amélioration (mise en place d'un outil plus performant, renforcement des formations, simplification de certains flux, etc.).

Les plans d'action émis à la suite de ces réunions doivent être documentés, priorisés et suivis pour qu'ils ne restent pas lettre morte.

Cette boucle d'amélioration continue est le moteur du progrès dans toute démarche de gouvernance.

Elle empêche la stagnation et permet de s'adapter aux fluctuations des besoins métiers, aux évolutions légales et aux changements technologiques inévitables.

Conclusion du chapitre 5

Les politiques et les processus représentent la colonne vertébrale de la gouvernance de l'information.

Ils traduisent en actions concrètes la vision et les stratégies définies précédemment, en précisant à la fois le cadre général (qualité, protection, rétention) et les différentes étapes pratiques (collecte, usage, archivage, suppression).

De leur clarté et de leur pertinence dépend la stabilité du dispositif mis en place.

Le cycle de vie des données, à son tour, fournit une représentation globale du parcours suivi par l'information dans l'organisation.

Il met en évidence les liens entre la création d'un contenu, son exploitation opérationnelle et sa conservation ou sa destruction ultérieure.

Gérer ce cycle de manière ordonnée et proactive nourrit la chaîne de valeur, en permettant aux processus métier d'accéder à des sources fiables et exploitables.

Enfin, pour que ces politiques et processus gardent leur cohérence dans le temps, il est indispensable de leur adosser des outils de suivi et de reporting.

Grâce à des tableaux de bord ou des solutions spécialisées (data catalog, lineage, etc.), l'organisation peut mesurer l'efficacité de son approche, détecter les écarts et lancer les plans d'action nécessaires.

C'est cette boucle de rétroaction qui assure la vitalité de la gouvernance, en l'empêchant de se figer dans des procédures obsolètes.

Dans le chapitre suivant, nous étudierons de manière plus précise les aspects technologiques et architecturaux, notamment les plateformes de gestion des données et les applications permettant de concrétiser ces politiques.

Nous verrons comment articuler l'infrastructure technique, la sécurité et la cohérence des flux pour soutenir et intensifier la gouvernance au quotidien.

Chapitre 6 : Technologies et outils

Les développements précédents ont mis en évidence la nécessité d'un cadre solide pour orchestrer la gouvernance de l'information, illustrant l'importance des politiques, des processus et de l'organisation en place.

Mais pour que ces principes deviennent opérationnels, il est indispensable de s'appuyer sur une infrastructure technologique adaptée.

Dans ce chapitre, nous allons aborder l'architecture des données, les solutions de gouvernance et de qualité, ainsi que les perspectives offertes par l'automatisation et l'intelligence artificielle.

L'objectif est de montrer comment ces outils, judicieusement choisis et configurés, renforcent la cohérence, la sécurité et la valorisation de l'information dans l'ensemble de l'entreprise.

1. Architecture des données

1.1. Data warehouses, data lakes, et plateformes de gestion

1.1.1. Data warehouses

Le *data warehouse* (entrepôt de données) est une base centralisée, souvent structurée selon un modèle relationnel ou multidimensionnel, dont la vocation est de stocker de façon organisée et pérenne les informations importantes de l'entreprise.

Cette approche facilite l'analyse historique et la production de rapports de pilotage.

Grâce à des processus d'extraction, de transformation et de chargement (ETL/ELT), les données issues de diverses applications (comptabilité, ventes, CRM, etc.) sont nettoyées et alignées sur un modèle commun, pour être ensuite exploitées via des outils de Business Intelligence ou d'analytique.

L'entrepôt présente l'avantage de proposer un point d'accès unique et maîtrisé pour la consultation, tout en garantissant une certaine stabilité.

On y applique les règles de qualité et de validation définies dans les politiques de gouvernance, ce qui limite les doublons ou les écarts.

Son inconvénient potentiel réside dans la nécessité d'une modélisation rigoureuse, parfois complexe à faire évoluer lorsque de nouveaux types de données émergent, ou que la structure de l'organisation change.

1.1.2. Data lakes

En complément ou en alternative, on observe la montée en puissance des *data lakes*, ces réservoirs massifs capables de stocker des volumes volumineux (potentiellement hétérogènes) sans exiger de schéma prédéfini.

Les lacs de données sont souvent bâtis sur des technologies distribuées, propices au traitement en parallèle des fichiers ou enregistrements de nature diverse : logs, documents texte, images, flux de capteurs, etc.

Ce modèle se veut plus flexible, car il n'impose pas de structuration préalable.

On peut ainsi capturer rapidement les données, les garder à disposition, puis définir leur usage et leur format au moment où on en a besoin .

Toutefois, si la gouvernance n'est pas correctement assurée, un data lake peut rapidement se transformer en « marécage » d'informations disparates, dans lequel il devient difficile de retrouver les éléments recherchés ou de garantir leur qualité.

D'où la nécessité d'appliquer des référentiels de métadonnées, des catalogues ou des outils de gouvernance rigoureux pour préserver la lisibilité du contenu.

1.1.3. Plateformes de gestion intégrées

Au-delà du choix entre entrepôt et lac, on voit se déployer des *plateformes unifiées* combinant les atouts des deux approches.

Ces solutions offrent un espace de stockage hiérarchisé, où l'on peut conserver tant des données structurées que semi-structurées ou non structurées, tout en profitant de mécanismes d'indexation et d'exploration en temps réel.

Certaines intègrent aussi des fonctionnalités de streaming, utiles pour traiter les flux quasi instantanés provenant d'applications en ligne ou d'objets connectés.

L'arbitrage entre ces différentes architectures dépend souvent de la stratégie et de la maturité de l'organisation : un secteur financier, attaché à la stabilité et à la traçabilité, privilégiera l'entrepôt de données et des procédures de gouvernance renforcées.

Un domaine comme l'e-commerce, en quête de réactivité, choisira peut-être un lac adossé à des algorithmes d'apprentissage machine capables de repérer les tendances ou d'envoyer des alertes.

Dans tous les cas, l'important est de garantir que la structure retenue reste compatible avec les règles de sécurité, de confidentialité et de fiabilité définies par la gouvernance.

1.2. Modèles de données et intégration (ETL/ELT)

1.2.1. Importance de la modélisation

La *modélisation* vise à décrire de manière formelle l'organisation des informations, les liens logiques entre entités (clients, produits, transactions, etc.)

Et la manière dont elles se rapportent à l'activité de l'entreprise.

Un modèle de données cohérent favorise la cohérence et la réutilisation, car il évite les ambiguïtés (par exemple, plusieurs définitions concurrentes du chiffre d'affaires ou du code client, qui mènent à des erreurs mortifères pour les entreprises).

Les modèles peuvent être conceptuels (entités, relations générales), logiques (tables, champs), ou physiques (implémentation spécifique dans un système de gestion de bases).

Pour la gouvernance, ce travail est essentiel : il sert de référence commune aux Data Stewards ou Data Managers, développeurs, analystes et décideurs.

Il détermine aussi la façon dont on peut naviguer dans les jeux d'information, réaliser des jointures ou agréger des indicateurs.

1.2.2. Processus ETL et ELT

Les notions d'ETL (Extraction, Transformation, Loading) et d'ELT (Extraction, Loading, Transformation) font référence aux étapes par lesquelles transitent les données lors de leur migration d'une source à une cible (par exemple, vers un data warehouse).

- **ETL** : on extrait d'abord les données des systèmes opérationnels, on les transforme (nettoyage, enrichissement, alignement sur un format standard), puis on les charge dans la cible.

- **ELT** : on extrait et on charge immédiatement les données dans une plateforme (souvent un lac ou un entrepôt moderne), avant de les transformer en fonction des besoins.

Le choix dépend du volume, de la complexité, du timing et de l'architecture globale.

La qualité de la transformation est au cœur de la gouvernance : il s'agit de s'assurer que les règles de filtrage, de normalisation ou de fusion sont correctement appliquées, que les logs sont conservés pour un audit ultérieur, et que les autorisations respectent la politique de sécurité.

Les plateformes d'intégration doivent également être capables de gérer les métadonnées associées, afin de tracer l'origine et l'historique de chaque enregistrement.

Attention aux « Lac de données » pas assez gouvernés car ils mènent les entreprises à posséder de la donnée personnelle non légitime ou pire de la donnée illégale.

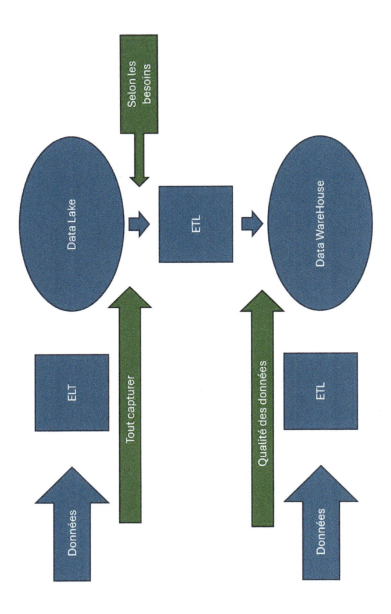

Fig. Capturer le plus possible ou privilégier la qualité

1.2.3. Interopérabilité et standards

Dans un environnement où les systèmes sont multiples, l'interopérabilité devient un enjeu majeur.

Les flux doivent circuler entre applications internes, solutions SaaS (Software as a Service), bases cloud ou environnements sur site.

Pour faciliter ce mouvement, on recourt à des standards techniques comme XML, JSON ou YAML, et à des protocoles d'échange (API REST, SOAP, etc.).

L'adoption d'interfaces standardisées évite des développements ad hoc ou des passerelles obsolètes difficiles à maintenir.

Elle favorise aussi la gouvernance en permettant d'intégrer plus facilement les nouvelles applications au catalogue existant, tout en conservant la traçabilité de chaque flux.

Les règles d'accès et de sécurité étant alors appliquées de façon uniforme, on peut mieux surveiller et contrôler les déplacements d'informations critiques.

2. Outils de gouvernance et de qualité
2.1. Catalogues de données, glossaires, et métadonnées

2.1.1. Catalogues de données

Le *catalogue de données* est un outil qui recense et décrit de façon centralisée l'ensemble des jeux d'informations disponibles dans l'entreprise.

Chaque entrée du catalogue indique le type de données, le propriétaire ou le responsable désigné, la sensibilité éventuelle, la date de mise à jour, les formats, etc.

L'objectif est de simplifier la recherche, la compréhension et la réutilisation par les utilisateurs.

En pratique, un catalogue bien renseigné évite les redondances, car il révèle qu'un ensemble d'informations existe déjà.

Il encourage la collaboration en permettant aux équipes de découvrir rapidement les références dont elles ont besoin.

Il fournit également des mécanismes d'accès conformes aux politiques internes : un utilisateur visualise l'existence d'un jeu d'informations, mais ne peut le télécharger qu'après validation, selon les règles définies.

Il permet également de plus facilement garantir le respect de la conformité aux lois et règlements.

2.1.2. Glossaires et dictionnaires de données

Le glossaire (ou dictionnaire de données) se distingue du catalogue en ce qu'il détaille la signification précise des termes utilisés.

Par exemple, il clarifie ce qu'on entend par « client actif », « facturation mensuelle », ou « taux de rétention ».

Chacun de ces concepts est associé à une définition validée par les responsables métiers, évitant les divergences dans l'interprétation.

Les dictionnaires de données décrivent aussi la structure de chaque table ou fichier, précisant le nom des champs, leurs types (numérique, texte, date, etc.), leurs contraintes (longueur maximale, liste de valeurs, etc.)

Et leurs éventuelles dépendances.

Cette documentation constitue un guide précieux, surtout dans les grandes organisations, où de multiples bases coexistent.

Elle facilite la compréhension pour les nouveaux arrivants, les analystes ou les développeurs, et elle s'inscrit dans une démarche de gouvernance en assurant la transparence et la pérennité de la connaissance.

2.1.3. Métadonnées et lignage

Les métadonnées constituent des informations sur les données elles-mêmes : date de création, source d'origine, propriétaire, transformations subies, relations avec d'autres objets, niveau de sensibilité, etc. Le *data lineage* (filiation ou lignage) permet de reconstituer le chemin suivi par un enregistrement, de sa création à son exploitation, en passant par les différentes étapes de transformation ou de fusion.

Ces éléments sont au cœur de la gouvernance, car ils fournissent la traçabilité indispensable à l'audit et au diagnostic de qualité.

Lorsque survient une anomalie, on peut retracer son origine et comprendre quel flux ou quelle opération l'a introduite.

De même, si l'on doit justifier la conformité avec la réglementation (notamment en cas de réclamation d'un client souhaitant exercer son droit d'accès ou d'effacement), on dispose de l'historique nécessaire pour localiser les informations et prouver qu'on respecte les obligations légales.

2.2. Solutions d'audit, de monitoring et de remontée d'alertes

2.2.1. Automatisation du contrôle

Dans la plupart des cas, il est illusoire de vouloir contrôler manuellement l'ensemble des flux et des bases.

Les volumes sont trop importants, et les mises à jour trop fréquentes.

C'est pourquoi les entreprises se tournent vers des outils d'audit et de monitoring capables d'automatiser une grande partie des vérifications :

- Détection de doublons ou d'incohérences au moment de l'intégration.

- Analyse statistique pour repérer des champs exceptionnellement vides ou erronés.

- Surveillance des activités suspectes (tentatives de connexion anormales, lecture massive de données sensibles, etc.).

- Génération d'alertes en temps réel ou quasi-immédiat, adressées aux Data Stewards ou Data Managers et aux équipes de sécurité.

Grâce à ces systèmes automatisés, on gagne en rapidité de réaction et on libère du temps pour des tâches de diagnostic ou de correction plus pointues.

2.2.2. Reporting et tableaux de bord

En parallèle, les solutions de reporting proposent des interfaces de type tableau de bord, qui agrègent les indicateurs de qualité, de sécurité et de conformité en un point unique.

Un responsable peut ainsi visualiser :

- Le nombre d'anomalies détectées au cours du mois écoulé.

- Les mesures correctives appliquées.

- Le niveau de progression vers les objectifs fixés (par exemple, un taux de doublons maximal).

- Les tendances (amélioration ou dégradation) concernant tel ou tel domaine de données.

Ces éléments sont précieux pour préparer les comités de pilotage, décider de l'attribution de ressources, ou mettre en place des plans d'action ciblés.

Les outils modernes permettent souvent de personnaliser ces tableaux de bord selon le profil de l'utilisateur : un Data Owner voudra suivre la qualité d'un ensemble précis, tandis qu'un cadre dirigeant cherchera une vue plus globale et synthétique.

3. Automatisation et intelligence artificielle

3.1. Évolutions et tendances : automatisation du data lineage, détection d'anomalies, etc.

3.1.1. Automatisation du data lineage

Le *data lineage* manualisé se montre vite contraignant, car il exige de décrire à la main chaque transformation, chaque flux, chaque jonction entre systèmes.

Dès que l'organisation grandit ou que les processus évoluent, cette description devient obsolète.

C'est pourquoi de plus en plus de solutions exploitent l'apprentissage machine pour analyser les schémas, les logs, les connexions et en déduire, autant que possible, le flux suivi par les données.

Ces outils intelligents peuvent identifier des relations probables entre champs de différentes bases, détecter un changement de format, ou repérer une duplication partielle.

Les Data Stewards ou Data Managers valident ou ajustent les propositions émises, ce qui permet de maintenir un référentiel de lignage relativement fiable, sans nécessiter un travail humain interminable.

3.1.2. Détection d'anomalies et apprentissage machine

Les progrès en apprentissage machine se répercutent aussi sur la *détection d'anomalies*.

Des algorithmes peuvent analyser un large volume d'informations et repérer des valeurs atypiques, des motifs inhabituels ou des erreurs subtiles qui passeraient inaperçues avec des règles strictes.

Cela s'applique tant à la qualité (par exemple, une suite de chiffres incorrecte) qu'à la sécurité (accès répétés à un répertoire sensible en dehors des heures de bureau).

La mise en place de ces dispositifs contribue à la gouvernance en permettant une réactivité accrue : au lieu d'attendre qu'un collaborateur tombe par hasard sur un problème, on agit proactivement pour signaler des dérives éventuelles.

Cet usage de la technologie ne remplace pas le jugement humain, mais il l'assiste de manière significative, notamment dans les environnements très étendus ou dynamiques.

3.1.3. Robotisation des processus

Au-delà de l'analyse, certaines entreprises ont recours à la *robotisation des processus* (RPA, Robotic Process Automation) pour exécuter des tâches répétitives liées à la gouvernance : génération automatique de rapports, envoi de notifications, extraction d'informations dans un format standard, etc.

Combinée à l'intelligence artificielle, la RPA peut prendre des décisions de premier niveau (par exemple, classer un fichier dans la bonne catégorie de confidentialité) et solliciter un humain en cas de doute.

Cette automatisation vise à réduire les actions manuelles sources d'erreurs, tout en accélérant le flux d'exécution.

Néanmoins, il convient de planifier soigneusement cette approche afin de ne pas introduire de complications supplémentaires, ou de créer des robots qui, mal paramétrés, risquent de multiplier les anomalies au lieu de les diminuer.

3.2. Impacts sur la gouvernance à long terme

3.2.1. Besoin de compétences plus spécialisées

Au fur et à mesure que l'intelligence artificielle et l'automatisation se généralisent, l'organisation doit adapter son dispositif de gouvernance.

Les Data Stewards se forment aux outils d'apprentissage machine, aux moteurs de détection d'anomalies, ou aux logiciels d'automatisation.

Le service informatique, de son côté, apprend à configurer et maintenir ces solutions avancées, tandis que les juristes et responsables de la conformité s'interrogent sur l'impact de l'ia en matière d'éthique et de respect des réglementations.

Cette spécialisation peut générer une dépendance envers certains éditeurs ou consultants extérieurs, si l'on ne prend pas soin de développer une expertise interne.

Les plans de formation deviennent dès lors un volet crucial de la gouvernance, afin que l'entreprise conserve la maîtrise de ses flux et puisse tirer pleinement parti de ces innovations sans se mettre en danger.

3.2.2. Évolution des processus et des référentiels

Les outils d'automatisation et d'IA nécessitent en général un accès à des données massives, complètes et de bonne qualité pour fonctionner efficacement.

Ceci peut encourager un enrichissement des référentiels, une révision de la politique de collecte (pour disposer d'un volume suffisant), ou un ajustement de la rétention si certains historiques sont jugés utiles pour l'entraînement des modèles prédictifs.

On observe aussi une réévaluation permanente des processus : si le tri ou la classification des documents est dorénavant automatisé, quel est le rôle de l'utilisateur final ?

Doit-il valider les décisions prises par l'algorithme ?

Un nouveau workflow peut apparaître, qui offre au collaborateur la possibilité de corriger ou d'annuler l'action du robot.

Cette cohabitation entre homme et machine exige une clarté dans la répartition des responsabilités, ainsi que des mécanismes de pilotage pour retracer les décisions algorithmiques.

3.2.3. Valeur ajoutée et limites

L'apport de l'intelligence artificielle et de l'automatisation se mesure principalement sur la vitesse et la précision de traitement, mais aussi sur la capacité à dégager des tendances ou des corrélations complexes.

Cependant, la fiabilité de ces algorithmes n'est pas absolue, en particulier si les données d'entraînement sont de qualité insuffisante ou biaisées.

La gouvernance doit donc gérer ces aléas et mettre en place des procédures de contrôle humain ou de vérification statistique pour éviter une dérive dommageable.

La stratégie globale de l'entreprise doit clarifier dans quelle mesure elle entend confier la prise de décision à des mécanismes automatisés.

Dans certains secteurs (finance, santé, social), la prudence impose d'expliquer et de justifier les analyses algorithmiques, pour respecter les exigences de transparence ou de non-discrimination.

En conséquence, l'IA est un levier puissant pour la gouvernance, mais elle ne saurait s'y substituer complètement : la place des Data Owners, Data Stewards ou Data Managers et instances de pilotage reste primordiale pour assurer la cohérence et l'équité du dispositif.

Conclusion du chapitre 6

Le rôle de la technologie dans la gouvernance de l'information est absolument central.

Les architectures de données (data warehouses, lacs, plateformes unifiées) constituent la base sur laquelle reposent les stockages et les échanges, tandis que les modèles de données, les flux d'intégration (ETL/ELT) et les standards d'interopérabilité offrent les fondations nécessaires pour une manipulation fiable et ordonnée.

Les outils de gouvernance, tels que les catalogues, les glossaires et les solutions d'audit, viennent ensuite renforcer cet édifice en organisant les métadonnées, en assurant la traçabilité et en simplifiant la recherche ou la découverte d'information.

Le pilotage de la qualité et la gestion des alertes peuvent s'appuyer sur des modules spécifiques, automatisant le nettoyage ou la détection d'anomalies.

Ces dispositifs permettent aux équipes de se concentrer sur la résolution des problèmes et l'optimisation, plutôt que de gaspiller leur énergie dans des tâches manuelles fastidieuses.

Enfin, l'émergence de l'intelligence artificielle et de l'automatisation ouvre de nouvelles perspectives : détection plus fine des erreurs, traçage automatisé des flux, robotisation des tâches répétitives.

Les entreprises qui parviennent à intégrer ces innovations dans leur gouvernance peuvent gagner en réactivité et en fiabilité, tout en restant vigilantes quant aux risques éthiques et réglementaires que ces avancées comportent.

Le prochain chapitre abordera les aspects liés à la sécurité des données, à la gestion des risques et à la conformité, complétant ainsi l'approche globale de la gouvernance.

Nous verrons notamment comment les dispositifs technologiques et organisationnels décrits ici s'insèrent dans une stratégie de protection des actifs informationnels, de gestion des accès et de détection des incidents.

L'objectif est de déployer une gouvernance à la fois robuste et agile, soutenue par une infrastructure technologique cohérente.

Partie IV : Sécurité, Risques et Conformité

Chapitre 7 : Sécurité des données

La protection des informations représente l'un des enjeux majeurs de la gouvernance.

La multiplication des menaces, qu'elles soient externes (cyberattaques, espionnage industriel, etc.)

Ou internes (erreur de manipulation, malveillance d'un collaborateur), pousse les organisations à mettre en place des mécanismes de défense exigeants et dynamiques.

Après avoir évoqué la structure de la gouvernance, les processus liés au cycle de vie de l'information et les technologies utilisées pour la gestion, ce chapitre se concentre sur les politiques et bonnes pratiques de protection, ainsi que sur les mesures techniques indispensables (chiffrement, masquage, anonymisation) et la sécurité à la fois physique et logique.

1. Politiques et bonnes pratiques de protection

1.1. Élaboration des politiques de sécurité

Les politiques de sécurité fixent le cadre global qui détermine comment l'organisation protège ses actifs informationnels.

Elles définissent les responsabilités, les contrôles, les procédures de revue et les sanctions éventuelles en cas de manquement.

L'idée n'est pas de multiplier les interdictions, mais plutôt de proposer une approche structurée, aidant chaque collaborateur à comprendre ses droits et ses devoirs.

Ces politiques doivent être rédigées de manière claire et accessible, en évitant le jargon trop technique ou trop juridique.

L'idéal est de produire un document synthétique, complété par des annexes ou des guides plus détaillés sur des points précis (procédure de création de mots de passe, utilisation des services en nuage, règles de cryptage, etc.).

De nombreuses normes (ISO/IEC 27001, NIST SP 800-53, etc.) fournissent des exemples de bonnes pratiques et des référentiels modulables selon la taille et la nature de l'entité.

Par ailleurs, une politique de sécurité ne doit pas être figée : elle exige un processus de révision périodique pour tenir compte des changements législatifs, de l'émergence de nouvelles menaces et de l'évolution des métiers.

Lorsqu'une modification importante est apportée, il convient de la présenter à l'ensemble du personnel et de s'assurer qu'elle est comprise.

Une mesure simple consiste à intégrer un accusé de lecture dans le système de formation interne, montrant que chaque collaborateur a pris connaissance des nouveautés.

1.2. Principes directeurs et posture de défense

La mise en place d'une politique s'appuie souvent sur quelques principes directeurs.

On peut citer :

1. **La gestion du risque** : évaluer régulièrement la probabilité et l'impact potentiel d'événements indésirables (intrusion, perte de données, etc.), pour adapter les investissements et les priorités.

2. **La moindre autorité** : attribuer aux utilisateurs uniquement les accès nécessaires à leur travail, afin de réduire la surface d'attaque et limiter les dégâts en cas de compte compromis.

3. **La défense en profondeur** : superposer plusieurs niveaux de protection (pare-feu, segmentation du réseau, chiffrement, authentification forte, etc.) plutôt que de tout miser sur un unique dispositif.

4. **La culture de la confidentialité** : sensibiliser chaque collaborateur aux principes de base (verrouillage de session, vigilance sur les courriels suspects, protection des supports nomades, etc.).

5. **La surveillance proactive** : déployer des mécanismes de monitoring, d'alertes et d'audit afin de détecter au plus tôt des comportements anormaux ou des signaux de compromission.

Ces principes forment le socle d'une posture de défense qui allie technicité et sensibilisation, en couvrant aussi bien les usages internes que les relations avec l'extérieur (fournisseurs, partenaires, sous-traitants, etc.).

1.3. Formation et sensibilisation

Les meilleures politiques échouent souvent si les collaborateurs ne sont pas impliqués et éduqués à la sécurité de l'information.

Les incidents proviennent régulièrement d'erreurs humaines : clic sur un lien malveillant, divulgation imprudente d'informations confidentielles, utilisation de mots de passe faibles ou réutilisés.

Pour lutter contre cette vulnérabilité, la formation et la sensibilisation constituent un levier majeur.

- **Programmes d'accueil** : dès l'arrivée d'un nouveau collaborateur, une session d'introduction à la politique de sécurité et aux règles de base est essentielle.

- **Sessions régulières** : organiser des ateliers ou e-learnings sur des thèmes spécifiques (ingénierie sociale, bonnes pratiques de messagerie, classification des documents, etc.).

- **Communications continues** : rappeler les consignes par des affiches, des messages internes, des newsletters, ou des quiz, afin de maintenir la vigilance au quotidien.

En parallèle, les équipes dirigeantes doivent montrer l'exemple : si le management ne suit pas les procédures, l'ensemble du personnel risque de négliger ces directives.

L'existence d'un responsable dédié à la sécurité (Chief Information Security Officer ou équivalent) facilite aussi la coordination des actions, l'animation de la communauté interne et la mise à jour de la politique.

1.4. Collaboration avec la gouvernance

Comme on l'a vu dans les chapitres antérieurs, la sécurité n'est qu'un volet de la gouvernance : celle-ci inclut aussi la qualité, la conformité réglementaire, la gestion du cycle de vie, etc.

Toutefois, la protection est étroitement liée aux autres aspects, car elle s'intègre dans les mêmes processus (collecte, utilisation, archivage, suppression).

Il est donc impératif que les responsables de la sécurité travaillent en synergie avec les Data Stewards ou Data Managers, les Data Owners et le comité de gouvernance.

Les décisions sur la protection ont parfois un impact sur la facilité d'accès ou sur la capacité d'exploiter rapidement certaines informations, d'où la nécessité de rechercher un équilibre entre le verrouillage excessif et l'ouverture incontrôlée.

2. Mesures techniques : chiffrement, masquage, anonymisation

2.1. Chiffrement

Le *chiffrement* consiste à coder les informations afin qu'elles soient inintelligibles sans la clé de déchiffrement.

C'est l'une des méthodes les plus répandues pour préserver la confidentialité, notamment lorsque les données transitent sur des canaux externes (Internet, liaisons avec des fournisseurs, etc.) ou sont stockées dans des environnements sensibles (disques durs, serveurs distants, etc.).

On distingue généralement :

1. **Le chiffrement en transit** : l'utilisation de protocoles sécurisés (TLS/SSL pour le web, par exemple) qui garantissent que les messages échangés ne puissent être interceptés et lus par un tiers.

2. **Le chiffrement au repos** : la protection d'un système de fichiers, d'une base de données ou d'un support de stockage complet, de manière que seule la personne ou l'application disposant de la clé puisse y accéder.

3. **Le chiffrement de bout en bout** : appliqué par exemple dans certaines messageries, il empêche même l'opérateur de la plateforme de lire le contenu, en confiant la clé de déchiffrement uniquement aux correspondants.

Pour déployer ces technologies, il est nécessaire de gérer soigneusement le cycle de vie des clés : génération, distribution, rotation, révocation.

Une clé compromise peut annuler totalement l'efficacité du dispositif.

Dans certaines structures, on met en place un module matériel de sécurité (HSM) pour stocker et manipuler les clés de manière inviolable, évitant ainsi que des intrus ne puissent les extraire.

2.2. Masquage

Le *masquage* (ou *obfuscation*) consiste à altérer partiellement les informations avant de les mettre à disposition d'utilisateurs ou d'environnements qui n'ont pas besoin de la totalité des éléments.

Par exemple, on peut tronquer un numéro de carte de crédit (en conservant les quatre derniers chiffres seulement), remplacer les noms et adresses par des valeurs fictives, ou anonymiser les dates de naissance en gardant seulement l'année.

Ce procédé se révèle très utile dans les environnements de test ou de formation, où l'on souhaite travailler sur des données réalistes, tout en évitant d'exposer des données confidentielles ou personnelles.

Le masquage permet d'alléger les contrôles d'accès lorsqu'une information complète n'est pas indispensable, et évite de transmettre des détails sensibles à des tiers (sous-traitants ou intégrateurs) qui n'ont pas à connaître les identités réelles.

2.3. Anonymisation

L'*anonymisation* va plus loin que le masquage : elle rend en principe impossible l'identification d'une personne physique, même par recoupement.

Cette technique est encouragée (voire imposée) par certaines réglementations comme le RGPD, lorsque la finalité du traitement ne requiert plus l'identification.

À partir du moment où les informations sont réellement anonymisées et que la ré-identification s'avère impossible ou excessivement complexe, les contraintes légales en matière de données personnelles se trouvent allégées.

Cependant, l'anonymisation est plus ardue qu'il n'y paraît.

Les jeux d'informations contiennent souvent des indicateurs indirects (adresse IP, âge, profession, localisation, habitudes de navigation, etc.) qui, mis bout à bout, peuvent reconstituer une empreinte unique et constituer une violation de la loi si stockée sans appliquer les obligations règlementaires.

Les méthodes doivent donc être rigoureuses (agrégation, randomisation, k-anonymat, etc.) et testées pour s'assurer qu'un attaquant ne peut remonter à la personne.

Cette exigence relève directement de la gouvernance : il s'agit de définir des politiques claires, de vérifier l'efficacité des outils, et d'actualiser les techniques en fonction des avancées technologiques.

2.4. Cas d'utilisation

Dans la pratique, on utilise souvent plusieurs de ces mécanismes en combinaison.

Par exemple, une base de production de données sensibles est chiffrée au repos, pendant qu'on applique le masquage partiel pour les profils de lecture, et que l'anonymisation s'applique aux extractions à des fins de recherche ou de statistique.

Les politiques dictent quel niveau de protection adopter selon la nature des informations, leur sensibilité et l'usage envisagé.

Cette orchestration technique exige une bonne coordination entre les équipes de sécurité, d'informatique et de gouvernance : les Data Owners précisent le degré de confidentialité, les Data Stewards ou Data Managers s'assurent de la cohérence dans la mise en œuvre, et la DSI installe et surveille l'infrastructure au sens large.

La qualité de cette collaboration est souvent le facteur déterminant de l'efficacité de ces mesures.

3. Sécurité physique et logique
3.1. Sécurité physique

Si la sécurité logique retient souvent l'attention, il ne faut pas négliger l'aspect *physique*.

L'accès à un local, à un serveur ou à un support de stockage (disque dur, clé USB, etc.) peut représenter un vecteur de vol ou de sabotage.

Les techniques de sécurité physique ont vocation à empêcher ou à limiter la possibilité pour des individus non autorisés de s'approcher de machines sensibles ou de s'approprier des documents.

- **Contrôle d'accès aux locaux** : badges personnalisés, portiques, caméras de surveillance, registres de visiteurs, etc.

- **Zonage** : séparation des zones critiques (salles serveurs, armoires réseau) du reste des bureaux, avec des règles d'autorisation spécifiques.

- **Systèmes anti-incendie et climatisation** : indispensable pour préserver l'intégrité du matériel, car la surchauffe ou les dégâts causés par un incendie peuvent détruire des données ou paralyser l'infrastructure.

- **Verrous et coffres** : pour entreposer les supports de sauvegarde (bandes, disques externes) ou des équipements spéciaux (routeurs, commutateurs).

Même à l'ère du numérique, des intrusions physiques restent possibles, et un individu malveillant pourrait s'introduire dans les locaux, subtiliser des appareils ou connecter un équipement espion sur un port réseau.

La gouvernance doit donc intégrer cette dimension dans ses évaluations de risque et dans ses contrôles réguliers.

3.2. Sécurité logique et segmentation

La sécurité dite *logique* englobe l'ensemble des mesures protégeant les systèmes informatiques, les applications et les bases de données sur les plans de l'authentification, de l'autorisation et du contrôle des interactions.

Elle inclut notamment :

1. **Gestion des comptes et identités** : utilisation de mots de passe robustes, authentification multifacteur, gestion des rôles et des groupes, révocation immédiate des accès en cas de départ d'un employé.

2. **Segmentations réseau** : séparation des environnements (production, test, développement) pour éviter que des erreurs ou des intrusions ne se propagent.

    Pare-feu internes, VLAN, etc.

3. **Filtrage et détection** : installation de pare-feu, de systèmes de détection d'intrusion (IDS), de protection contre les logiciels malveillants, et de surveillances du trafic pour identifier les comportements anormaux.

4. **Principes de logging et d'audit** : traçage des actions effectuées par les utilisateurs privilégiés, rétention des journaux, mise en place d'alertes automatiques en cas d'opération inhabituelle ou hors plage horaire.

Pour harmoniser la sécurité logique, il est essentiel de définir une architecture cohérente, comprenant tous les maillons de la chaîne (du poste utilisateur au serveur final, en passant par le réseau, la gestion des droits, l'accès distant, etc.).

Une base de données où toutes les informations sont chiffrées ne sert à rien si un employé non autorisé peut aisément se connecter au serveur via un compte partagé.

Inversement, un réseau cloisonné de façon rigide peut se révéler contre-productif si les équipes légitimes perdent trop de temps à circuler entre des environnements isolés.

3.3. Plan de continuité et reprise d'activité

La sécurité comprend aussi la capacité à *résister* et *récupérer* en cas de sinistre : panne matérielle, coupure de courant, incendie, inondation, attaque par rançongiciel, etc.

On regroupe sous le terme de *plan de continuité* (BCP – Business Continuity Plan) et *plan de reprise* (DRP – Disaster Recovery Plan) les actions à mener pour assurer le fonctionnement minimal de l'organisation ou la restauration rapide après un incident.

Ces plans peuvent inclure :

- **Sites de secours** : un second local géographiquement distant prêt à prendre le relais, répliquant les systèmes critiques en temps quasi réel.

- **Procédures de sauvegarde** : stratégie de sauvegarde régulière (incrémentielle, différentielle ou complète), hors site, avec test de restauration périodique.

- **Maîtrise des dépendances** : recensement des applications, services, et données indispensables, afin de prioriser ce qu'on relance en premier en cas de crise.

- **Entraînements** : simulations ou exercices permettant de vérifier la pertinence du plan, d'identifier les lacunes et de familiariser le personnel aux scénarios d'urgence.

La gouvernance joue un rôle important dans ce domaine, car les Data Owners doivent décider quelles informations sont vitales ou stratégiques, et quels délais d'indisponibilité sont acceptables.

Les Data Stewards ou Data Managers participent à la définition des procédures de validation et d'intégrité lors de la restauration, afin de s'assurer que la qualité de la donnée est toujours garantie.

Conclusion du Chapitre 7

La sécurité est un pilier incontournable de la gouvernance de l'information.

Les politiques et les bonnes pratiques, qu'il s'agisse de l'élaboration de règles de protection, de la défense en profondeur ou de la sensibilisation des équipes, forment la première barrière face aux menaces, tout en donnant la direction à suivre pour les opérations quotidiennes.

L'aspect technique n'est pas en reste : chiffrement, masquage et anonymisation offrent des solutions concrètes pour préserver la confidentialité, tandis que la distinction entre sécurité physique et logique rappelle la nécessité d'un maillage complet, du contrôle d'accès aux locaux jusqu'à la protection des réseaux et des données stockées.

Grâce à une organisation efficace, des processus clairs et une posture de gestion du risque, l'entreprise peut minimiser les incidents et réagir promptement lorsqu'ils surviennent.

Les chapitres précédents ont montré combien la gouvernance s'appuie sur la cohérence entre les multiples volets (qualité, cycle de vie, conformité, culture interne).

La sécurité doit donc être comprise comme un maillon essentiel, étroitement lié à la définition des responsabilités, aux politiques de rétention, aux outils de traçabilité et aux décisions sur l'ouverture ou le partage de l'information.

Dans les prochains chapitres, nous explorerons plus avant la gestion des risques, la conformité et la continuité, ainsi que la façon dont l'ensemble de ces dimensions s'intègrent dans une démarche de gouvernance pérenne.

L'objectif demeure de créer un environnement où l'information peut circuler et être valorisée, sans pour autant sacrifier la protection et la confiance des acteurs concernés.

Chapitre 8 : Gestion des risques et conformité

Les précédents volets de cet ouvrage ont mis en évidence la variété des enjeux entourant la gouvernance de l'information : élaboration d'une stratégie, organisation des rôles, définition de politiques et de processus, intégration d'outils technologiques, mise en œuvre de mesures de sécurité.

Cependant, pour qu'un dispositif de gouvernance soit pleinement efficace et durable, il doit aussi s'appuyer sur une gestion approfondie des risques et une démarche de conformité cohérente.

C'est précisément l'objet de ce chapitre, qui aborde l'identification et l'évaluation des menaces, les actions de prévention et la réponse aux incidents, ainsi que l'importance des audits et certifications dans le maintien de la confiance et de la crédibilité de l'organisation.

1. Identification et évaluation des risques
1.1. Définition d'un cadre d'analyse

La *gestion des risques* consiste à repérer, mesurer et prioriser les dangers susceptibles d'affecter la sécurité, la qualité ou la disponibilité des informations.

Elle permet aux décideurs de répartir leurs ressources de manière judicieuse, en concentrant leurs efforts là où le préjudice potentiel est le plus grand.

Divers référentiels ou méthodes peuvent servir de point de départ : EBIOS (souvent évoqué dans l'espace francophone), ISO/IEC 27005, NIST SP 800-30, ou d'autres grilles internes plus adaptées à certains secteurs.

Chaque méthode propose généralement un processus similaire :

1. **Délimiter le *périmètre* de l'analyse** (par exemple, l'ensemble du système d'information, ou une partie critique comme un service de paiement).

2. Recenser les *actifs* (infrastructures, bases, applications, flux d'échange).

3. Lister les *menaces*, en tenant compte des aspects internes (erreurs humaines, pannes, détournements) et externes (cyberattaques, espionnage, catastrophes naturelles, etc.).

4. Évaluer la *vulnérabilité* de l'entité face à ces menaces : quelles faiblesses existent dans l'organisation, les procédures, ou la technologie en place ?

5. Calculer le *niveau de risque* en combinant la probabilité d'occurrence et l'impact si l'événement se produit.

L'issue de ce travail prend souvent la forme d'une cartographie, présentant de façon visuelle les risques majeurs et mineurs, et guidant les choix sur les dispositifs à mettre en place ou à renforcer.

1.2. Recensement des menaces et impacts

Les menaces ne sont pas uniquement d'origine cybercriminelle. Elles peuvent inclure :

- **Pannes techniques** : défaillance matérielle, rupture de connexion, indisponibilité des fournisseurs de services en nuage.

- **Erreurs humaines** : mauvaise configuration d'un serveur, divulgation involontaire d'un document sensible, suppression de fichiers par mégarde.

- **Intrusions internes** : espionnage commis par un employé, abus de privilèges, manipulations malveillantes.

- **Catastrophes naturelles ou accidents** : incendies, inondations, tremblements de terre, explosions.

- **Attaques extérieures** : rançongiciel, vol de données, hameçonnage, déni de service, etc.

Pour chacun de ces scénarios, on évalue l'impact possible en termes financiers (coût de rétablissement, perte de chiffre d'affaires), juridiques (sanctions, litiges, responsabilité pénale), réputationnels (perte de confiance des clients ou des partenaires), et opérationnels (arrêt partiel ou total de l'activité). L'un des apports majeurs de cette étape est la sensibilisation des acteurs internes : en rendant tangibles les conséquences d'un événement indésirable, on obtient généralement un plus grand soutien pour le renforcement des mesures de gouvernance.

1.3. Approche par criticité et priorisation

Une fois les risques identifiés et estimés, il faut les ordonner selon un indice de criticité (souvent appelé « gravité » ou « niveau d'exposition »). Ce score est calculé en combinant la probabilité d'apparition et la sévérité des conséquences. Certaines organisations utilisent des matrices (par exemple, une grille 3 x 3 ou 5 x 5) pour cartographier rapidement les dangers :

- Risques *très élevés* : probabilité forte et impact majeur, nécessitent un plan de traitement prioritaire.

- Risques *moyens* : probabilité et/ou impact intermédiaires, demandent une surveillance régulière et des actions d'atténuation proportionnées.

- Risques *faibles* : probabilité réduite ou impact négligeable, justifiant un suivi moins soutenu ou une acceptation (le coût de la contre-mesure pouvant dépasser les bénéfices).

Le comité de gouvernance, ou un comité spécialisé (risk committee), valide alors les choix stratégiques : investir dans un renforcement de la sécurité réseau, former davantage les collaborateurs, négocier des contrats de service garantissant un meilleur soutien en cas de panne, etc. Ce processus donne un ordre de marche clair pour les équipes opérationnelles et clarifie la ventilation budgétaire.

1.4. Mises à jour continues

Les risques ne sont pas figés : de nouvelles menaces apparaissent, l'environnement réglementaire se modifie, la technologie évolue et l'organisation peut s'étendre, fusionner ou changer de priorités. Aussi, la cartographie doit être réévaluée régulièrement (par exemple, tous les ans, ou après un événement majeur). Les retours d'expérience sur des incidents internes ou externes (signalements de failles dans d'autres entreprises, publications d'alertes par les agences de sécurité, etc.) Alimentent également ce processus.

Cet ajustement continu s'inscrit dans une démarche de *pilotage dynamique*, où la gestion des risques est considérée comme un cycle récurrent. Cela permet à l'entité d'accroître sa résilience et de mieux anticiper les évolutions, plutôt que de subir les événements.

2. Mesures de prévention et plans de réponse aux incidents

2.1. Mécanismes de réduction des risques

Lorsque la priorisation est établie, on détermine des *mesures de prévention* ou d'atténuation pour chaque risque jugé inacceptable. Parmi les actions possibles, on peut mentionner :

- **Le renforcement des contrôles d'accès** : mise en place de mots de passe complexes, d'authentification multifactorielle, de revues régulières des habilitations.

- **La mise à jour de l'infrastructure** : application systématique de correctifs de sécurité, remplacement d'équipements obsolètes, installation de pare-feu ou de systèmes de détection d'intrusion plus performants.

- **La formation ciblée** : sensibilisation aux tentatives d'hameçonnage, coaching sur le respect des politiques de sauvegarde, rappel régulier des obligations légales.

- **La mise en place de systèmes de secours** : serveurs de secours (failover), duplication géographique, stockage réparti, automatismes d'alerte en cas de défaillance.

- **La limitation de l'exposition** : chiffrement des données au repos et en transit, suppression ou anonymisation des informations non indispensables, cloisonnement réseau (séparations entre environnements de test, de production et d'administration).

Le choix de ces mesures dépend souvent du budget disponible, de la culture de l'organisation et de la maturité technique. Dans tous les cas, l'objectif est de réduire la probabilité ou l'impact d'un événement, sans perturber excessivement les opérations légitimes.

2.2. Plan de réponse aux incidents

Malgré les actions de prévention, aucun système n'est invulnérable. Les plans de réponse aux incidents (souvent appelés IRP, pour *Incident Response Plan*) décrivent de manière détaillée qui fait quoi en cas de problème avéré (intrusion détectée, contamination par un rançongiciel, découverte d'une fuite de données). L'idée est d'éviter la panique, les décisions hâtives, ou la paralysie lorsque la pression est forte.

Un plan de réponse couvre en général les volets suivants :

1. **Détection** : recueil d'alertes, indices d'activité inhabituelle, remontées d'utilisateurs.

2. **Analyse** : validation de la gravité et de la nature de l'incident, évaluation rapide de l'ampleur (serveurs touchés, données compromises, etc.).

3. **Confinement** : isolement des systèmes concernés pour éviter la propagation (déconnecter un segment réseau, bloquer temporairement des comptes, etc.).

4. **Éradication** : suppression de la menace (désinfection, correction, patch, bannissement d'adresses IP ou de comptes).

5. **Restauration** : remise en marche des services, réintégration des systèmes dans l'infrastructure, reconfiguration, vérification de l'intégrité et de la cohérence des informations restaurées.

6. **Retour d'expérience** : capitalisation sur l'incident pour en tirer des enseignements (quelles failles ont permis cette situation ? Comment affiner les plans futurs ? Quelles communications vis-à-vis des parties prenantes ?).

Le plan de réponse inclut souvent des listes de contacts clés (responsables, prestataires, autorités de régulation si nécessaire), des matrices de décision (selon la gravité, doit-on éteindre immédiatement tel serveur ou attendre des analyses plus complètes ?) Et des outils de suivi (journal des actions menées, scripts d'automatisation pour effectuer des analyses forensiques, etc.). Sans ce guide structuré, l'équipe risque de se disperser sous l'effet du stress, de prendre des mesures contradictoires ou tardives, et d'aggraver la situation.

2.3. Communication de crise

Lorsqu'un événement majeur survient, la *communication* devient cruciale pour rassurer les collaborateurs, informer les clients impactés et répondre aux obligations légales (par exemple, la réglementation peut exiger de déclarer une fuite de données personnelles dans un délai restreint). Le plan de réponse doit donc comporter un volet expliquant :

- Qui décide des éléments à révéler (direction, comité de crise, responsable communication).

- À quel moment alerter les autorités compétentes (ex. CNIL ou régulateur équivalent selon les pays, s'il s'agit d'infractions liées aux données personnelles).

- Comment prendre en compte les contraintes de confidentialité ou les impératifs d'enquête (est-il opportun de diffuser des informations techniques détaillées si l'attaque est encore en cours ?).

Une communication maladroite peut engendrer une perte de confiance durable ou déclencher des poursuites supplémentaires. Inversement, une démarche transparente, réactive et professionnelle rassure souvent les parties prenantes quant à la capacité de l'entité à gérer l'incident.

2.4. Conformité aux obligations de notification

Certaines législations imposent des *délais stricts* de notification des violations de données. Par exemple, le RGPD prévoit que l'autorité de contrôle soit informée dans les 72 heures lorsqu'une fuite touche des informations personnelles. Aux États-Unis, les lois varient selon les États, mais la plupart imposent également un devoir de signalement à destination des clients ou des résidents concernés.

Le plan de réponse aux incidents doit donc intégrer ces délais et préciser qui a la responsabilité d'envoyer ces notifications, sous quelle forme et avec quel contenu minimal. Dans le cadre de la gouvernance, les Data Owners peuvent être amenés à communiquer des informations sur la nature précise des données exposées, tandis que le service juridique veille à la conformité du message transmis. Une mauvaise gestion de cet aspect peut aboutir à des sanctions administratives et à des plaintes multiples de la part des personnes lésées.

3. Audits et certifications
3.1. Rôle des audits internes et externes

Les *audits* constituent un moyen essentiel de vérifier la pertinence et l'efficacité du dispositif de gouvernance, qu'ils soient menés en interne ou par des tiers. Un audit s'intéresse à la conformité des pratiques, à la robustesse des contrôles, à la cohérence entre les politiques officielles et la réalité du terrain, et à la gestion des risques. Il peut couvrir la sécurité logique, la sécurité physique, la qualité des processus, la formation du personnel, etc.

- **Audits internes** : effectués par une équipe dédiée (audit interne, service de contrôle) ou par des collaborateurs d'autres départements formés à cette mission. Ils proposent souvent une vision plus souple et pédagogique, visant l'amélioration continue, sans viser directement des sanctions.

- **Audits externes** : réalisés par des cabinets spécialisés, des organismes de certification ou des autorités de régulation. Ils peuvent conditionner l'obtention d'une accréditation ou la validation de la conformité à une norme.

Les rapports d'audit permettent de repérer les écarts, d'élaborer des plans d'action pour corriger les dysfonctionnements, et de justifier auprès des partenaires ou clients que l'entité se conforme à un niveau de qualité et de sécurité reconnu.

3.2. Principales certifications et référentiels

Plusieurs *certifications* ou *labels* peuvent attester qu'une structure répond à des standards reconnus :

- **ISO/IEC 27001** : porte sur la gestion de la sécurité de l'information, avec une démarche de pilotage par les risques et un ensemble de bonnes pratiques détaillées (ISO/IEC 27002).

- **ISO 9001** : centré sur la qualité et l'amélioration continue, peut s'appliquer à certains volets de la gouvernance (documenter et standardiser les processus, mesurer la satisfaction, etc.).

- **SOC 2** (Service Organization Control) : plutôt prisée aux États-Unis, évalue la capacité d'un prestataire à garantir sécurité, confidentialité et disponibilité.

- **PCI DSS** (Payment Card Industry Data Security Standard) : obligatoire pour les entités manipulant des données de cartes bancaires, imposant des exigences strictes en matière de chiffrement, de traçabilité et de tests d'intrusion.

Obtenir et maintenir ces certifications demande du temps, des ressources et un suivi régulier pour satisfaire aux exigences des référentiels. En contrepartie, elles valident publiquement la solidité du dispositif de gouvernance et renforcent la confiance des clients, partenaires ou investisseurs.

3.3. Impact sur la gouvernance

Les audits et certifications ont un effet structurant sur la gouvernance :

- **Alignement des politiques** : afin de se conformer aux normes, l'entreprise doit formaliser clairement ses règles de sécurité, de sauvegarde, de contrôle d'accès, etc.

- **Implication de la direction** : la certification requiert souvent un engagement fort au plus haut niveau, garantissant que des moyens budgétaires et humains sont mobilisés.

- **Amélioration continue** : la plupart des référentiels exigent une revue périodique, des audits renouvelés, et la démonstration de progrès dans la gestion des risques.

- **Visibilité et légitimité** : un certificat est un argument commercial ou institutionnel, prouvant la capacité de l'organisation à respecter les meilleures pratiques.

Toutefois, il convient d'éviter une dérive bureaucratique, où la certification devient une finalité en soi, déconnectée des besoins réels. Idéalement, l'entreprise tire profit de cette démarche pour renforcer sa culture interne, rationaliser ses processus et promouvoir la vigilance globale.

3.4. Relations avec les autorités de contrôle

Dans certains secteurs (finance, santé, télécommunications), les autorités de régulation effectuent des *contrôles* ponctuels ou récurrents pour vérifier la conformité aux obligations légales. Les audits internes et la documentation de la gouvernance sont alors des supports précieux pour répondre aux demandes de justification.

- **En finance** : les organismes sont soumis à des règles strictes en matière de confidentialité, de lutte contre le blanchiment, d'archivage des opérations, etc.

- **Dans le secteur médical** : la gestion des données de santé implique des protocoles de stockage et de transmission conformes à la législation en vigueur.

- **Dans les télécommunications** : on retrouve des obligations de conservation et de protection des informations liées au trafic ou à la facturation.

Si l'entité ne parvient pas à démontrer sa conformité, elle s'expose à des mises en demeure, des amendes ou des limitations de son droit d'exercer, voire à la perte de certaines licences d'exploitation. La gouvernance bien établie, soutenue par les audits et les certifications, constitue donc un bouclier contre ce type de sanctions et contribue à la réputation professionnelle.

Conclusion du chapitre 8

La gestion des risques et la conformité forment un volet incontournable de la gouvernance de l'information.

En premier lieu, l'identification et l'évaluation des menaces permettent d'établir une cartographie claire des enjeux, sur laquelle s'appuient les décideurs pour hiérarchiser leurs actions et répartir les ressources.

Les mesures de prévention et la mise en place de plans de réponse structurés garantissent une capacité de réaction en cas d'incident, évitant la confusion ou l'improvisation au moment critique.

Les audits internes et externes, de même que les certifications, renforcent ce dispositif en instaurant une boucle de contrôle et d'amélioration continue.

À travers cette démarche, l'organisation gagne en légitimité, prouve sa fiabilité auprès de ses partenaires et de ses clients, et demeure attentive aux évolutions réglementaires.

Ce chapitre s'inscrit logiquement dans la suite des précédents, puisque la sécurité, la qualité, la gestion du cycle de vie ou encore la définition des rôles s'allient étroitement pour constituer un écosystème de gouvernance solide et pérenne.

Dans les chapitres suivants, nous aborderons davantage la dimension culturelle et la transformation nécessaire pour faire vivre la gouvernance dans la durée.

En effet, les outils et procédures, bien qu'essentiels, ne suffisent pas à garantir le succès.

La conduite du changement, l'adhésion des équipes et la persistance dans le temps demeurent des facteurs déterminants pour que la gouvernance reste un avantage durable plutôt qu'un ensemble de règles figées.

Partie V : Culture et facteur humain

Chapitre 9 : Conduite du changement

Les différents axes de la gouvernance de l'information présentés jusqu'à présent (politiques, processus, outils, sécurité, gestion des risques, conformité) montrent qu'un dispositif solide repose autant sur des éléments méthodologiques et techniques que sur un ancrage culturel.

En effet, même avec les meilleures stratégies et infrastructures, la réussite dépend étroitement de l'adoption par l'ensemble du personnel, des dirigeants et des parties prenantes.

C'est pourquoi la dimension « conduite du changement » occupe une place cruciale dans la démarche.

Ce chapitre s'intéresse aux freins et leviers de transformation, à la communication auprès des personnes concernées, ainsi qu'à la formation et la montée en compétences qui accompagnent toute évolution de ce genre.

1. Identification des freins et leviers de transformation

1.1. Nature des freins

Dans tout projet de transformation, des résistances ou obstacles peuvent survenir.

Les causes varient selon l'histoire, la culture et la structure de l'entité, mais on retrouve quelques freins récurrents :

1. **Manque de compréhension** : Certains collaborateurs ne perçoivent pas l'intérêt d'un dispositif de gouvernance exigeant.

    Sans explication claire, ils voient surtout des procédures supplémentaires ou des restrictions qui freinent leur travail.

2. **Peurs liées à la perte de repères** : Les changements de rôles, l'arrivée de nouveaux outils ou l'évolution des modalités de contrôle peuvent engendrer un sentiment d'incertitude quant à sa place ou son avenir.

3. **Charge de travail** : Instaurer la gouvernance demande parfois un investissement initial (documentation, nettoyage, conformité).

    Les équipes craignent de ne pas disposer du temps ou des ressources pour mener ces tâches, en plus de leurs missions habituelles.

4. **Silotage** : Dans les grandes organisations, chaque service a ses habitudes, ses propres référentiels et son mode de fonctionnement.

    La gestion des données peut alors être perçue comme une ingérence extérieure ou un bouleversement des processus établis.

Le premier défi consiste donc à détecter et reconnaître l'existence de ces freins, pour mieux les anticiper et les traiter.

Dans certains cas, un diagnostic formel est réalisé en consultant les départements, en organisant des entretiens individuels ou des ateliers collectifs, afin d'identifier les craintes et les objections.

1.2. Mécanismes de résistance

Les résistances peuvent prendre plusieurs formes :

- **Inertie passive** : Les équipes continuent de travailler comme avant, ignorant ou contournant les nouvelles règles et processus.

- **Contestations actives** : Certains responsables ou collaborateurs expriment publiquement leur désaccord et peuvent freiner la mise en place de la démarche.

- **Détournement** : Les utilisateurs trouvent des moyens de contourner les mécanismes (partage de fichiers via des canaux non officiels, utilisation de solutions personnelles non conformes).

- **Baisse de motivation** : À défaut de s'opposer frontalement, certains agents perdent toute énergie, considérant la gouvernance comme une contrainte peu utile.

Pour la direction, il est essentiel de reconnaître ces indices et d'y répondre rapidement.

Il n'y a guère de bénéfice à imposer la gouvernance par le seul biais de sanctions.

Au contraire, la réussite passe par la persuasion, la transparence et la négociation de compromis raisonnables, pour que chacun y trouve un intérêt.

1.3. Leviers de transformation

Face à ces blocages, plusieurs leviers peuvent être actionnés :

1. **Impulsion managériale** : l'engagement explicite de la direction (direction générale, cadres intermédiaires) renforce la légitimité du projet et facilite son acceptation.

2. **Valorisation des réussites** : Présenter rapidement des succès tangibles (par exemple, une réduction significative des doublons, une optimisation notable d'un processus métier) prouve l'intérêt de la gouvernance.

3. **Approche participative** : Impliquer les équipes dans la réflexion (groupes de travail, comités d'utilisateurs, ateliers d'idéation) leur donne le sentiment d'être entendues et coresponsables.

4. **Pilotage par les bénéfices** : Au lieu d'imposer des règles, souligner ce que la gouvernance peut apporter : gain de temps, meilleure qualité de l'information, sécurité renforcée, conformité aux obligations légales, etc.

Un point clé réside dans la personnalisation du discours : un service marketing ne sera pas sensible aux mêmes arguments qu'une équipe de production ou de maintenance.

Il convient d'adapter le message selon les rôles et les préoccupations de chacun.

2. Communication et implication des parties prenantes

2.1. Élaboration d'un plan de communication

La *communication* sur la gouvernance ne doit pas se limiter à un unique lancement ou à des consignes sporadiques.

Un plan structuré, pensé sur la durée, s'avère précieux pour :

- **Établir un calendrier** : déterminer les moments clés (annonce officielle, formation initiale, rappel semestriel, bilan annuel, etc.).

- **Segmenter les publics** : adapter le vocabulaire, la durée et la profondeur des messages selon que l'on s'adresse au comité de direction, aux responsables métiers, aux techniciens, ou à l'ensemble du personnel.

- **Utiliser des canaux multiples** : courriels internes, réseaux sociaux d'entreprise, réunions plénières, affichage, newsletter, vidéos explicatives, webinaires, etc.

- **Recueillir les retours** : prévoir des espaces d'échange, que ce soit via des sondages, des forums ou des ateliers, pour que la communication ne soit pas uniquement descendante.

L'idée est de créer un climat de confiance et de clarté, dans lequel chacun sait à quoi sert la gouvernance, quels changements concrets il doit appliquer dans son quotidien, et surtout quelles sont les finalités globales du projet.

2.2. Rôle des ambassadeurs et relais internes

Au-delà de la communication institutionnelle, il est crucial de s'appuyer sur des personnes-relais (parfois appelées « ambassadeurs » ou « champions ») dans différents services et à divers niveaux.

Ces personnes sont convaincues de l'utilité de la gouvernance, comprennent ses principes, et disposent d'une influence positive sur leurs collègues. Elles peuvent :

1. **Répondre aux questions** courantes, dissiper les malentendus.

2. **Remonter rapidement** les difficultés ou les dysfonctionnements, ou faire remonter des améliorations possibles.

3. **Encourager les pratiques** souhaitées (par exemple, l'utilisation d'un outil officiel de partage plutôt que des messageries personnelles).

4. **Participer à l'animation** d'ateliers, de petits déjeuners ou de rencontres informelles pour sensibiliser leurs collègues.

L'identification et la formation de ces relais exigent un effort initial (choix des profils, sessions de mise à niveau), mais se révèlent très efficaces pour diffuser la culture de gouvernance de manière organique, en complément du discours tenu par les dirigeants.

2.3. Gestion des conflits et arbitrages

Il arrive que la mise en place de la gouvernance déclenche des frictions entre départements ou entre individus : qui est le véritable « propriétaire » d'un jeu de données ?

Quel service a priorité sur le traitement ou l'accès ?

Pour gérer ces conflits :

1. **Clarifier les règles** : les politiques formelles et les structures de pilotage (comités, rôles de Data Owner, etc.) doivent aider à répartir les responsabilités.

2. **Recourir à l'arbitrage** : si une situation reste bloquée, un comité de pilotage supérieur ou un Chief Data Officer peut trancher.

3. **Favoriser le dialogue** : organiser des séances communes, encourager la transparence sur les objectifs de chacun, parfois négocier un accord intermédiaire (phase d'expérimentation, partage progressif).

4. **Faire valoir l'intérêt collectif** : rappeler que la gouvernance vise le bien commun de l'entreprise (optimisation des ressources, conformité, gain de temps, etc.) et non la victoire d'un service sur un autre.

Un encadrement clair des processus de décision limite les détours ou la multiplication de circuits parallèles.

De surcroît, la communication régulière autour des arbitrages rend l'organisation plus mature face à ces questions.

3. Formation et montée en compétences des équipes

3.1. Formations ciblées selon les rôles

La gouvernance implique des savoir-faire variés : aspects légaux (RGPD, obligations sectorielles), pratiques de sécurité (chiffrement, traçage), méthodologies (data lineage, modèles de qualité), outils (catalogues, solutions d'intégration, data lakes).

De ce fait, il faut prévoir des formations adaptées à chaque profil :

- **Dirigeants et managers** : vision globale, enjeux stratégiques, arbitrages budgétaires, compréhension des risques légaux et réputationnels.

- **Chefs de projet ou responsables métiers** : notions sur la collecte, la fiabilisation, la réutilisation des informations, l'importance du cycle de vie et la législation.

- **Techniciens (IT, data engineers)** : manipulation des outils ETL/ELT, paramétrage de la sécurité, monitoring, automatisation, bonnes pratiques de structuration, etc.

- **Collaborateurs opérationnels** : maniement des interfaces, consignes de base pour la qualité et la sécurité, sensibilisation aux conséquences d'une erreur.

Il est fréquent de proposer des *parcours* modulaires, combinant des séances en présentiel, des webinaires, des tutoriels vidéo ou des plateformes d'e-learning.

 Certains organismes externes proposent des certifications reconnues (par exemple, ISACA, DAMA International), qui peuvent donner de la légitimité et de la valeur ajoutée à la formation.

3.2. Intégration de la gouvernance dans la culture d'entreprise

La formation ne s'arrête pas à l'enseignement des règles ou des outils.

Elle doit s'inscrire dans une évolution globale de la culture d'entreprise, où l'information est perçue comme un atout stratégique, méritant soin et responsabilité.

Pour cela :

1. **Renforcer les liens** entre les départements métier et la DSI, afin de promouvoir la transversalité et la communication.

2. **Mettre en avant des projets concrets** où la gouvernance a apporté des bénéfices tangibles (meilleure qualité, identification de nouvelles opportunités commerciales, réduction des coûts).

3. **Encourager l'échange de pratiques** : organiser des événements internes (meet-up, showcases, posters) où les équipes partagent leurs expériences sur la gouvernance, les obstacles rencontrés et les solutions trouvées.

4. **Reconnaître et valoriser** : mettre en lumière les collaborateurs qui s'investissent dans l'amélioration de la qualité des données ou dans la sécurisation de l'infrastructure.

Grâce à ces actions, la « culture data » grandit progressivement et l'organisation est mieux armée pour affronter les changements à venir (nouvelles régulations, évolutions technologiques, exigences accrues des clients).

3.3. Continuité de l'apprentissage

Comme dans tout domaine en constante évolution, les compétences liées à la gouvernance nécessitent des *mises à jour régulières*.

Les lois changent (amendements, nouvelles directives), les menaces se développent, les outils se perfectionnent et les concepts novateurs apparaissent (intelligence artificielle, automatisation avancée, nouveaux modèles de data mesh, etc.).

Pour rester à niveau :

1. **Veille technologique et réglementaire** : désigner des référents chargés de surveiller les évolutions, participer à des groupes de travail ou des associations professionnelles, suivre des publications spécialisées.

2. **Plans de formation continue** : proposer à intervalles réguliers des sessions de remise à niveau, des formations plus pointues sur un sujet émergent, ou des ateliers pratiques pour tester de nouveaux outils.

3. **Mobilité interne** : encourager le développement des compétences entre services, en échangeant des collaborateurs (par exemple, un data engineer qui passe quelques mois dans l'équipe métier pour mieux comprendre les processus, et réciproquement).

4. **Culture de l'expérimentation** : autoriser des pilotes ou des projets exploratoires autour de nouvelles solutions, afin d'évaluer leur potentiel et de mesurer leur adéquation aux politiques de gouvernance.

Cette dynamique empêche la gouvernance de devenir un simple ensemble de procédures figées.

Au contraire, elle se nourrit de l'évolution continue de l'environnement, pour innover et maintenir la pertinence de la démarche.

Conclusion du chapitre 9

La conduite du changement constitue l'un des leviers centraux pour transformer les principes de la gouvernance en pratiques quotidiennes.

Identifier les freins, mobiliser les leviers de transformation, bâtir une communication efficace et fournir une formation adaptée sont autant d'étapes indispensables pour qu'une initiative de gouvernance porte ses fruits.

Sans cette dimension humaine et organisationnelle, même les meilleures politiques ou technologies risquent de se heurter à l'inertie ou à la défiance.

Les chapitres précédents ont détaillé l'infrastructure nécessaire (architectures, processus, mesures de sécurité, gestion des risques…), tandis que la suite permettra de conclure sur la manière d'intégrer tous ces éléments dans une approche globale et pérenne.

En fin de compte, la gouvernance n'est pas seulement un projet technique, réglementaire ou documentaire : c'est un mouvement culturel qui touche aux valeurs de l'entreprise, à sa façon de collaborer et de se développer.

La réussite dépend de l'adhésion de tous, et c'est à travers cette transformation concertée que la gouvernance peut véritablement créer de la valeur.

Chapitre 10 : Engagement et pérennisation

À ce stade du livre, il apparaît clairement que la gouvernance de l'information n'est pas seulement un ensemble de règles à appliquer sur une période limitée.

Au contraire, elle nécessite une vision durable, une intégration dans la culture organisationnelle et une évolution régulière pour s'adapter aux changements externes (lois, menaces, marché) comme internes (nouveaux projets, réorganisations, croissance).

Ce dernier chapitre traite spécifiquement de l'engagement à long terme et des moyens de maintenir en vie les principes de gouvernance, en abordant notamment l'évolution des rôles et des responsabilités, ainsi que la mise en place d'indicateurs culturels et comportementaux.

1. Stratégies de long terme pour faire vivre la gouvernance

1.1. Inscrire la gouvernance dans la feuille de route de l'entreprise

Une organisation qui souhaite pérenniser sa gouvernance doit l'inscrire dans sa stratégie globale, à travers des objectifs et des plans concrets.

Ceci se traduit par :

1. **L'intégration formelle dans les documents de planification** : business plan, feuille de route numérique, directives managériales.

   Les enjeux de gouvernance sont alors considérés au même titre que la performance financière, la satisfaction client ou l'innovation.

2. **La révision périodique des ambitions** : un examen annuel ou semestriel pour ajuster les priorités (sécurité, qualité, conformité, valorisation, etc.), à la lumière des évolutions internes et externes.

3. **Le pilotage budgétaire** : prévoir des ressources allouées à la formation, à l'acquisition de nouveaux outils, au recrutement de profils spécialisés, à l'animation du comité de gouvernance, etc.

4. **La responsabilisation des dirigeants** : la direction générale, les directeurs métiers et le comité de pilotage assurent le suivi régulier et incluent la gouvernance dans leurs rapports et leurs réunions stratégiques.

Grâce à ces dispositions, la gouvernance cesse d'être un projet temporaire pour devenir un pilier structurel, au même titre que la gestion financière ou la politique RH.

Les équipes en sont informées, la direction s'engage et les budgets nécessaires sont prévus dans la durée.

1.2. Favoriser la collaboration transversale

De nombreuses difficultés liées à la gouvernance proviennent de cloisonnements entre départements, unités géographiques ou niveaux hiérarchiques.

Un programme qui se cantonne au service informatique ou à un seul pôle métier ne peut perdurer.

Pour faire vivre la gouvernance de manière pérenne, il faut :

- **Mettre en place des instances transversales** : en plus du comité de gouvernance, des groupes de travail réguliers rassemblant des représentants de tous les services concernés, pour échanger sur les évolutions, les problèmes rencontrés et les bonnes pratiques.

- **Encourager la mobilité interne** : des missions ponctuelles ou des détachements qui permettent aux experts d'un service de travailler dans un autre, afin de favoriser la compréhension mutuelle et le partage des méthodes de travail.

- **Stimuler la coopération inter-équipes** : par exemple, des projets pilotes menés conjointement par la DSI, le marketing et la finance, pour résoudre un problème d'analyse de données ou déployer une nouvelle plateforme de reporting.

Cette transversalité rend l'organisation plus agile et limite les risques de duplication ou de contradiction.

Les équipes comprennent progressivement que la gouvernance apporte une vision commune et partagée, ce qui solidifie sa présence sur le long terme.

1.3. Innover et s'adapter en continu

La gouvernance doit être réévaluée en fonction de l'environnement : nouvelles technologies (intelligence artificielle, data mesh, automatisation), nouvelles contraintes légales, expansion à l'international, etc.

Plusieurs approches favorisent cette adaptation :

1. **Veille active** : mise en place d'un observatoire, d'un réseau d'experts, ou de partenariats avec des organismes spécialisés pour suivre les tendances réglementaires, les évolutions des cybermenaces ou les innovations technologiques.

2. **Projets expérimentaux** : autoriser certaines équipes à mener des expérimentations (proof of concept) dans un cadre maîtrisé, afin de tester l'efficacité de nouvelles solutions de data management ou de sécurité.

3. **Mise à jour des référentiels** : quand on adopte un nouveau standard, qu'on modifie une politique ou qu'on implémente un outil innovant, il faut ajuster les processus, former les collaborateurs et communiquer sur ces changements.

Maintenir une certaine flexibilité évite que la gouvernance ne devienne une simple compilation de règles figées et déconnectées de la réalité.

Au contraire, elle suit les évolutions, tout en préservant les fondements essentiels (responsabilité, qualité, protection).

1.4. Entretenir la motivation et la culture interne

Une autre condition pour faire vivre la gouvernance est d'entretenir la motivation des équipes sur la durée.

Les formations et la communication évoquées précédemment conservent leur importance, en outre, on peut :

- **Donner de la reconnaissance** : valoriser les réussites et l'implication des personnes ayant joué un rôle actif dans l'amélioration d'un processus ou dans la mise en conformité.

- **Créer des événements dédiés** : ateliers ou journées thématiques où les équipes montrent leurs avancées, partagent des retours d'expérience, et découvrent des nouveautés en matière de gouvernance.

- **Miser sur la transparence** : partager régulièrement des indicateurs, des tableaux de bord, des rapports d'audit.

  Les collaborateurs constatent ainsi que leurs efforts ont un impact réel.

Cette dynamique de long terme forge une identité collective autour de la gouvernance, considérée non comme une contrainte mais comme une démarche porteuse de sens pour l'organisation.

2. Évolution des rôles et des responsabilités

2.1. Ajustement continu des périmètres

Avec le temps, les rôles définis au lancement du projet (Data Owners, Data Stewards ou Data managers, Chief Data Officer) peuvent connaître des évolutions.

Par exemple, l'expansion de l'activité, la fusion avec une autre structure ou l'adoption de nouvelles solutions informatiques peuvent changer la répartition des tâches ou la volumétrie des données.

Il est donc important de réexaminer périodiquement :

1. **Les périmètres couverts par chaque Data Owner** : certaines informations peuvent se subdiviser ou fusionner, un référentiel initial peut se scinder en plusieurs bases spécialisées, etc.

2. **La charge de travail des Data Stewards ou Data Managers** : si de nombreux projets naissent en même temps, on peut avoir besoin de nommer de nouveaux Stewards ou de réorganiser leurs champs d'action.

3. **Le positionnement hiérarchique** : le Chief Data Officer peut, dans certains cas, rejoindre directement le comité exécutif, ou bien s'appuyer sur un poste nouvellement créé (par exemple, un Data Protection Officer dans un contexte RGPD).

Le maintien d'une cartographie des rôles favorise la clarté :

- Qui est responsable de quoi ?
- Qui valide les décisions ?
- Qui arbitre les conflits ?

Cette mise à jour régulière prévient les confusions et l'affaiblissement progressif de la gouvernance lorsque l'organisation grandit ou change.

2.2. Nouveaux profils et compétences

Au fil de la montée en puissance de la gouvernance, de nouvelles compétences peuvent émerger :

- **Experts en intelligence artificielle** : si l'entreprise investit dans des algorithmes prédictifs ou des solutions de détection d'anomalies, des spécialistes de la data science peuvent être associés à l'équipe de gouvernance.

- **Analystes de risques** : le pilotage réglementaire ou la multiplication des cybermenaces nécessitent parfois un renfort en matière de risk management, pour alimenter la cartographie des risques et superviser la conformité.

- **Responsables de la qualité des données** : au-delà du rôle de Data Steward, on peut prévoir un poste ou un service dédié à l'amélioration continue de la qualité (définition des standards, pilotage des audits, suivi des correctifs).

- **Coordinateurs de programmes** : dans les grands groupes, la gouvernance peut devenir un programme multi-projets, nécessitant un suivi d'ensemble (gestion de portefeuille, priorités stratégiques, reporting global).

Ces rôles n'existaient peut-être pas au démarrage ou étaient assumés à temps partiel par des profils polyvalents.

Avec la maturité, l'organisation définit plus précisément ces postes et clarifie leurs interactions avec l'existant.

2.3. Rôle grandissant de la fonction managériale

Les managers, tant au niveau intermédiaire que dans la direction générale, jouent un rôle de plus en plus central à mesure que la gouvernance se consolide :

- **Ils veillent à l'alignement stratégique**, en s'assurant que les équipes comprennent comment la gouvernance sert les finalités de l'entreprise.

- **Ils pilotent les ressources** : budgétaires, humaines, techniques, en arbitrant entre plusieurs projets qui se disputent l'attention.

- **Ils évaluent la performance** de leurs collaborateurs sur la base d'indicateurs intégrant la gouvernance (qualité, sécurité, respect des processus).

- **Ils participent à la sensibilisation** et à la résolution des conflits internes, en exerçant leur autorité pour encourager ou sanctionner si nécessaire.

En d'autres termes, la gouvernance devient un critère de management, ce qui contribue à ancrer durablement ses principes dans les comportements quotidiens.

2.4. Collaboration avec les nouveaux métiers

Enfin, à mesure que le numérique imprègne tous les secteurs, il se peut que l'entreprise collabore avec des partenaires, des start-ups ou des filiales spécialisées dans la data.

On voit alors naître des écosystèmes étendus, où la gouvernance doit être partagée au-delà même des frontières de l'entité. Les rôles évoluent alors pour :

- **Signer des accords de partage** et de traitement de données, incluant des clauses de sécurité et de confidentialité validées par les Data Owners et l'équipe juridique.

- **Piloter des projets conjoints** avec des parties externes, s'assurant que les politiques de gouvernance sont comprises et appliquées, y compris chez les prestataires.

- **Échanger sur les outils** : dans un cadre de plus en plus ouvert, on peut recourir à des plateformes communes ou à des API partagées, nécessitant une homogénéisation des règles de qualité et de sécurité.

Cette ouverture vers l'extérieur renforce le caractère stratégique de la gouvernance, car une fuite de données chez un sous-traitant, par exemple, peut nuire à la réputation de l'entreprise principale. Les rôles internes se transforment donc pour superviser et aligner la chaîne de valeur au sens large.

3. Mise en place d'indicateurs culturels et comportementaux

3.1. Pourquoi mesurer la dimension culturelle ?

La gouvernance de l'information repose non seulement sur des résultats tangibles (taux d'erreur, incidents de sécurité, conformité réglementaire), mais aussi sur des facteurs plus immatériels : engagement, responsabilisation, sensibilisation, esprit de collaboration.

Pour évaluer ces aspects, on s'intéresse aux *indicateurs culturels et comportementaux*.

L'idée est de vérifier que les pratiques s'enracinent dans les mentalités, plutôt que de s'arrêter aux chiffres bruts (par exemple, le nombre de doublons supprimés).

Ces indicateurs peuvent contribuer à :

1. **Détecter les signaux faibles** d'une adhésion insuffisante ou d'une dérive (contournement des règles, augmentation des conflits entre services).

2. **Mettre en évidence les progrès** : une meilleure coopération, une appropriation des outils, une diffusion plus large de la formation.

3. **Aligner les politiques RH** : intégrer la gouvernance dans les évaluations annuelles, dans les objectifs collectifs, ou dans les primes liées à la qualité ou à la sécurité.

3.2. Exemples d'indicateurs culturels

Il est souvent difficile de quantifier la culture. Voici cependant quelques exemples d'indicateurs possibles :

- **Taux de participation** aux formations liées à la gouvernance, ou aux ateliers de sensibilisation.

- **Nombre de propositions d'amélioration** exprimées par les équipes (idées pour fiabiliser la gestion des informations, suggestions pour faciliter la traçabilité, etc.).

- **Qualité des retours dans les sondages internes** : perception des collaborateurs quant à la clarté de la politique de gouvernance, leur niveau d'adhésion, leurs difficultés quotidiennes.

- **Taux de remontée** d'incidents ou de quasi-accidents (signe d'une culture transparente, où l'on n'hésite pas à signaler un problème sans craindre de réprimande injuste).

- **Évolution de la collaboration inter-services** : mesurée par la fréquence des réunions transversales, le volume de projets conjoints, ou la rapidité de mise à disposition des données entre départements.

Ces indicateurs doivent être interprétés avec prudence.

Par exemple, un accroissement du nombre d'incidents déclarés peut signifier que le système de remontée fonctionne mieux (plutôt qu'une hausse réelle du nombre d'événements).

Toujours se méfier des faux positifs.

L'essentiel est de détecter les tendances, de comprendre les causes et de réagir de manière adaptée.

3.3. Participation et appropriation par les équipes

Pour que ces indicateurs ne restent pas des statistiques abstraites, on peut impliquer davantage les équipes dans leur élaboration et leur suivi :

1. **Co-construction** : demander aux services métiers ou à des groupes de travail comment ils souhaitent mesurer l'engagement envers la gouvernance, quels critères leur paraissent pertinents.

2. **Transparence** : diffuser les résultats et discuter des causes possibles en réunion, pour éviter les malentendus ou la suspicion que les chiffres soient manipulés.

3. **Plan d'amélioration continue** : si un indicateur montre un point faible, on élabore ensemble un plan correctif (formation additionnelle, renforcement d'un outil, clarification d'un processus).

Cette dynamique favorise l'appropriation, car chacun se sent acteur de la démarche.

Les collaborateurs s'habituent à ce que la gouvernance fasse partie des sujets suivis, au même titre que les indicateurs de performance ou la satisfaction client.

3.4. Lien avec la reconnaissance et la valorisation

Enfin, intégrer des indicateurs comportementaux permet aussi de mettre en évidence les efforts vertueux, en valorisant les équipes ou les services qui s'investissent :

- **Distinctions internes** : création d'un « trophée de la bonne pratique », récompensant chaque année un projet qui a amélioré la qualité, la sécurité ou la collaboration liée à la gouvernance (efficace dans les très grosses structures, inefficace, voir risible, dans les petites).

- **Prime ou bonus collectif** : associer une partie de la rémunération variable à l'atteinte d'objectifs culturels (par exemple, une amélioration mesurable de la qualité des données, ou une réduction significative du recours à des outils non officiels).

- **Perspectives de carrière** : une personne ayant fait ses preuves sur un poste de Data Steward ou Data Manager, ou de coordinateur peut évoluer vers des fonctions plus larges en management de l'information.

De cette manière, la gouvernance ne se réduit pas à un contrôle, mais devient également une source de reconnaissance.

Elle valorise la responsabilisation et la contribution à l'intelligence collective de l'organisation.

Résumé du chapitre 10

Engagement et pérennisation : ces deux mots résument l'enjeu final de la gouvernance de l'information.

Après avoir élaboré une stratégie, mis en place des politiques et des processus, sécurisé les flux, géré les risques et fédéré les équipes, l'entreprise doit veiller à ce que ces avancées ne s'essoufflent pas avec le temps.

Il s'agit donc de nourrir la démarche, de l'inscrire dans la planification à long terme, de s'adapter aux mutations de l'environnement et de renouveler régulièrement la dynamique interne.

Ce chapitre a souligné l'importance d'intégrer la gouvernance aux réflexions stratégiques, de clarifier les rôles et responsabilités à mesure que l'organisation évolue, et de mettre en place des indicateurs permettant de mesurer l'évolution culturelle et comportementale.

Au-delà des chiffres, c'est bien la façon de concevoir et d'utiliser l'information au quotidien qui doit changer : de simples données passives, elle devient un actif maîtrisé, un levier de collaboration, de confiance et d'innovation.

En somme, la gouvernance n'est pas l'aboutissement d'un projet unique, mais un processus continu.

Chaque entité peut avancer à son rythme, en prenant en compte ses contraintes spécifiques, ses ambitions et sa culture. Toutefois, si l'ensemble des acteurs s'implique et que la direction soutient durablement la démarche, la gouvernance se transforme en atout stratégique, en créant un socle solide sur lequel l'entreprise peut prospérer, innover et faire face aux défis de l'ère de l'information.

Conclusion

Le parcours que nous venons d'effectuer à travers les chapitres de cet ouvrage met en évidence l'ampleur et la portée de la gouvernance de l'information.

Le sujet, loin de se réduire à des considérations techniques ou réglementaires, englobe des dimensions stratégiques, organisationnelles, humaines et culturelles.

Il convient maintenant de dresser une synthèse des notions essentielles qui ont été explorées, de s'ouvrir aux perspectives et de proposer quelques pistes pour prolonger et approfondir la démarche.

1. Synthèse des points clés abordés

1.1. Rappel des principes fondamentaux et du cadre global

Au fil des chapitres, nous avons mis en avant une vision globale de la gouvernance, construite autour de plusieurs piliers :

1. **Une démarche stratégique** : la gouvernance prend tout son sens lorsqu'elle s'aligne sur les objectifs et les priorités de l'organisation, en s'inscrivant dans la même feuille de route que les projets d'innovation ou de croissance.

2. **Des politiques et des processus** : la mise en place de règles claires (gestion de la qualité, protection, rétention) et de procédures bien définies (collecte, utilisation, archivage, suppression) garantit la cohérence et la traçabilité.

3. **Des rôles et une organisation adaptée** : Data Owners, Data Stewards ou Data Managers, Chief Data Officer, comités de pilotage...

   Chaque acteur a une responsabilité et un positionnement précis pour éviter les chevauchements ou les zones d'ombre.

4. **Des outils et une infrastructure technologique** : data warehouses, lacs de données, solutions de catalogage, mécanismes de sécurité (chiffrement, masquage, anonymisation) et de reporting.

5. **Une gestion des risques et de la conformité** : identifier et évaluer les menaces, prévoir des mesures de prévention et des plans de réponse aux incidents, passer des audits et, le cas échéant, viser des certifications.

6. **Une transformation culturelle** : la réussite s'appuie sur l'engagement des collaborateurs, la formation, la

communication et l'adoption d'indicateurs comportementaux qui favorisent la responsabilisation et la pérennité de la démarche.

Cet ensemble de principes forme un cadre cohérent, permettant de piloter efficacement le patrimoine informationnel de l'entité, tout en tenant compte des contextes légaux et éthiques.

1.2. Bilan sur les bénéfices et les défis que représentent la gouvernance des données

Les avantages se traduisent à différents niveaux :

- **Meilleure qualité et fiabilité de l'information** : prise de décision plus éclairée, réduction des erreurs et des redondances.

- **Renforcement de la sécurité et de la confidentialité** : limitation des fuites, respect des obligations légales, construction d'un climat de confiance avec les clients et les partenaires.

- **Amélioration de l'efficacité opérationnelle** : moins de temps perdu à chercher ou à nettoyer les informations, plus de fluidité dans les échanges entre services.

- **Création de valeur** : grâce à une meilleure exploitation analytique et à l'intégration de technologies novatrices, l'organisation peut repérer de nouvelles opportunités ou développer des services innovants.

En parallèle, quelques défis demeurent :

- **Résistances internes** : la crainte du changement, la peur du contrôle renforcé, le manque de clarté sur les rôles et responsabilités.

- **Équilibre entre ouverture et protection** : il s'agit de trouver un juste milieu entre le partage des données et la préservation de la confidentialité ou de la sécurité.

- **Complexité réglementaire** : gérer un ensemble de normes et de lois, parfois disparates selon les régions ou les secteurs d'activité.

- **Évolution rapide des technologies** : l'adaptation requiert une veille constante et une formation continue.

Néanmoins, chaque entité peut aborder la gouvernance de manière progressive et pragmatique, en commençant par des chantiers ciblés avant de généraliser, et en misant sur la participation des collaborateurs.

2. Perspectives

2.1. Impact des nouvelles technologies (big data, IA, IOT)

L'environnement numérique évolue sans cesse, et la gouvernance de l'information doit s'y adapter :

- **Big data** : les volumes et la diversité des informations explosent, exigeant des structures et des processus toujours plus réactifs et efficaces pour traiter ces flux massifs.

- **IA et machine learning** : la capacité à analyser, à prédire et à détecter les anomalies ou les fraudes peut grandement accroître la productivité, à condition que les données soient fiables et que l'ia soit utilisée de manière éthique et transparente.

- **IOT (Internet des objets)** : la multiplication des capteurs et des appareils connectés génère de nouvelles sources d'information, avec des enjeux particuliers de sécurité, de qualité et de scalabilité.

- **Cloud computing** : l'informatique en nuage facilite le stockage et le traitement, tout en soulevant des questions liées à la localisation et à la souveraineté des données.

La gouvernance doit donc intégrer ces dimensions techniques et prendre en compte les enjeux émergents (accès en temps réel, protection des objets connectés, responsabilisation des algorithmes).

Les organismes qui sauront anticiper ces évolutions disposeront d'un avantage concurrentiel décisif.

2.2. Évolutions légales et réglementaires à anticiper

La réglementation sur la gestion de l'information se durcit dans de nombreux pays.

Le RGPD en Europe ou le CCPA en Californie sont des exemples marquants, et d'autres textes suivent ou s'en inspirent.

Demain, on peut s'attendre à :

- **Une expansion des lois de protection de la vie privée** dans d'autres régions du monde.

- **Des obligations supplémentaires** sur la traçabilité et l'explicabilité des algorithmes, en particulier lorsqu'ils prennent des décisions à fort impact social ou économique.

- **La mise à jour** des sanctions en cas de non-respect, avec des amendes encore plus élevées et des contrôles plus fréquents.

- **Des exigences sectorielles** (santé, finance, transports, énergie) qui se spécifient davantage et imposent des normes inédites.

Cette tendance pousse à maintenir un dispositif de veille réglementaire et à développer des approches modulaires, capables de s'adapter rapidement aux textes émergents.

3. Maintenant passez à l'action

3.1. Conseils pour poursuivre la démarche

Pour les lecteurs souhaitant engager ou renforcer la gouvernance de l'information dans leur organisation, voici quelques recommandations :

1. **Diagnostiquer l'existant** : évaluer la maturité de l'entité, recenser les principales failles et les points forts, analyser les écarts par rapport aux référentiels sectoriels ou normatifs.

2. **Définir un plan progressif** : prioriser les actions et ne pas chercher à tout bouleverser d'un coup. Choisir un périmètre initial pertinent (ex. : une base clients critique, un domaine sensible pour la conformité).

3. **Impliquer les responsables** : obtenir le soutien des dirigeants et impliquer des personnes clés (Data Owner, Data Steward ou Data Manager, managers métiers) dans les décisions et le suivi.

4. **Communiquer et former** : expliquer le sens de la démarche, organiser des ateliers pratiques, prévoir un accompagnement personnalisé pour les équipes.

5. **Mesurer et ajuster** : instaurer des indicateurs de performance et d'adhésion, réévaluer régulièrement les résultats, corriger ou renforcer les dispositifs en fonction des retours.

En avançant de la sorte, l'entité peut progressivement bâtir un socle de gouvernance robuste, en évitant les frustrations ou l'épuisement des ressources.

3.2. Pistes pour approfondir et actualiser le dispositif

Enfin, pour aller plus loin et maintenir l'actualité de la gouvernance :

- **Se documenter sur les standards internationaux** (ISO/IEC 27001, 38505, DAMA-DMBOK, COBIT, etc.) Et évaluer l'opportunité de viser une certification.

- **Participer à des communautés professionnelles** : conférences, groupes de réflexion, plateformes d'échange, permettant de s'inspirer des bonnes pratiques d'autres secteurs ou régions.

- **Expérimenter de nouvelles approches** : data mesh, data fabric, automatisation et IA pour la détection des anomalies ou la cartographie du data lineage, en restant vigilant sur l'éthique et la conformité.

- **Renouveler la cartographie des risques** : auditer régulièrement la politique de sécurité et de qualité, détecter les goulots d'étranglement et identifier les failles à combler.

- **Renforcer la collaboration externe** : travailler avec des partenaires, des start-ups, des universités pour explorer des solutions innovantes ou étendre l'écosystème de la donnée à l'extérieur de l'organisation.

Ces pistes visent à inscrire la gouvernance dans une dynamique d'amélioration continue, pour faire face aux défis toujours changeants de l'économie numérique.

Le mot de la fin

La gouvernance de l'information, telle qu'on l'a abordée dans cet ouvrage, dépasse largement la simple conformité ou l'implémentation technique.

Elle constitue une capacité de transformation pour toute entité souhaitant exploiter la valeur de ses actifs numériques, anticiper les risques et instaurer un climat de confiance avec l'ensemble de ses partenaires.

En veillant à mettre en place une organisation solide, des politiques claires, un pilotage rigoureux, des outils adaptés et une culture interne ouverte au changement, chacun peut tirer parti de l'ère de l'information sans en subir les dérives.

L'invitation est lancée : il ne reste plus qu'à passer à l'action, étape par étape, en s'appuyant sur les ressources, les exemples et les méthodes présentées dans ces pages.

N'hésitez pas à visiter le site DYNAMAP SI qui propose un grand audit de la donnée en 3 étapes :

https://www.dynamap.fr/questionnaires-d-audit/grand-audit-de-la-donnee-1/

https://www.dynamap.fr/questionnaires-d-audit/grand-audit-de-la-donnee-2/

https://www.dynamap.fr/questionnaires-d-audit/grand-audit-de-la-donnee-3/

Yann-Eric DEVARS fondateur Solve DSI

www.ingramcontent.com/pod-product-compliance
Lightning Source LLC
LaVergne TN
LVHW051639050326
832903LV00022B/813